安阳 著

涨停金钥匙

·深圳·

图书在版编目（CIP）数据

涨停金钥匙 / 安阳著. —深圳：海天出版社，2020.8
（2020.9 重印）

ISBN 978-7-5507-2938-4

Ⅰ.①涨… Ⅱ.①安… Ⅲ.①股票交易 – 基本知识
Ⅳ.① F830.91

中国版本图书馆 CIP 数据核字 (2020) 第 108718 号

涨停金钥匙
ZHANGTING JINYAOSHI

出 品 人	聂雄前
责任编辑	卞 青
责任技编	梁立新
封面设计	龙墨文化 0755-83461000
出版发行	海天出版社
地　　址	深圳市彩田南路海天综合大厦（518033）
网　　址	www.htph.com.cn
订购电话	0755-83460239（邮购、团购）
设计制作	深圳市龙墨文化传播有限公司（0755-83461000）
印　　刷	深圳市华信图文印务有限公司
开　　本	787mm×1092mm　1/16
印　　张	13
字　　数	165千
版　　次	2020年8月第1版
印　　次	2020年9月第2次
定　　价	58.00元

海天版图书版权所有，侵权必究。
海天版图书凡有印装质量问题，请随时向承印厂调换。

▲ 安阳和北京电视台《投资者说》主持人张勤

▲ 安阳与北京电视台《投资者说》主持人张旸

▲ 安阳和北京电视台《天下财经》主持人张伟

▲ 安阳在北京电视台做节目

▼ 安阳老师和北京读者见面会（2019年12月）

 安阳在北京工作场景

安阳与工作人员在北京电视台

总序

——安阳

《涨停·金钥匙》这本书写得很耗时，沥沥拉拉拖了近3年。

主要原因，不是因为没有材料，也不是对自己所写的东西把握不住；而是市场在近3年中发生了很多变化。

2018年，整整跌了一年；2019年1—4月份上涨，5月份开始又跌到了年底，中间虽有反弹，不改价值中枢下移；2020年，众所周知，新冠病毒一直困扰着我们。

股票市场，整体处在起起伏伏、飘摇不定这样一种状态。

那么，这本书，也是几易其稿。

单说"书序"2019年6月初就写好了。当时，为迎接"科创板"面市，选录了6节"新股赢利秘招"的内容以及有关序言。

因为考虑到新股面世的操作，特别是2019年科创板的上市，实际是把这些年新股走过的曲折路途，做了一个了断。因为在一个正常的市场中，新股上市，筹码不应该迟迟不被二级市场所承接。而是天天拉"一"字涨停板，这都是不正常的。当时，是科创板上市终结了这种现象。

时至如今，连创业板也马上要实行与科创板一样的"注册制"变革。

所以，市场本身的变化是复杂的，这就要求我们的思想和行动跟得上这种变化的市场节奏。

　　这本书取名《涨停金钥匙》，除了以上涉及新股操作（包括科创板、创业板、中小企板）外，更多的毋庸置疑，更侧重于包括"主板"中老股的"涨停板"捕捉技巧，即如何在第一时间发现和擒获最具潜力的最强势涨停股票。

　　关于这方面，笔者在北京电视台2020年初《天下财经》相关节目里，做过连续的解说。

　　可惜这些内容，本书已无法容纳，但愿意深入学习的读者，可找寻北京台相关节目来观看。

　　实际上，我们做涨停板股票，说到底，最重要的还是需要一个完整的交易体系做支撑。这本书里的"主旨篇""细节篇"之主要作用，就是帮助你建立自己的交易体系。只有体系健全，抓涨停才能做到心里有数。

　　凡有体系支撑者，不仅可以抓第一个板、第二个板，乃至第三个板……而没有体系支撑者，即便是抓了第一个板，也会碰得头破血流。

　　以上所述，算是本书出版前的开篇语，是为序。

2020年5月1日

序言　涨停金钥匙"新股篇"

科创板新股"盈利量化技术"导语：

科创板在2019年7月22日登陆上海证券交易所。战前秣马厉兵，摩拳擦掌，准备上阵一搏。

这时，我又打开了由上海人民出版社在2009年3月出版的拙著《新股赢利秘招》，并从头到尾重读了一遍。不瞒读者诸君，真的是感慨万千，五味杂陈。

这是笔者10年前的实战经验总结。具体说这是记录了300余只上市新股首日走势和笔者参与实盘买卖厮杀的一幕幕难忘场景。

但后来，市道发生了变化。以创业板为例：2012年10月新股发行暂停。2014年1月开闸发新。以2014年1月21日上市的"我武生物"（300357）为标志：发行价20.05元，开盘价24.06元；盘中2次停牌，把股价打到29.15元；日换手仅仅1.29%；之后连拉4板。从此之后，新股上市首日二级市场的承接盘发生了根本性变化。每只新股上市当天换手率都是非常小，然后连续拉涨停板。

到了2015年3月24日，当天上市新股"暴风集团"（300431）更是把这种景观推到顶峰！该股连续拉出29个涨停板，开板后又上涨逾100%，把股价从上市首日收盘价9.43元，一直拉升到327元，在A股市

场上掀起了一场爆炒新股的18级暴风!这只股票在不到4年后的2019年1月31日,股价跌到了7.01元!当年,它的发行价格是7.14元。我不知道读者有何感想,笔者写到这里就总觉得自己在写"股文观止"。

常言说得好,"三十年河东,三十年河西",虽然上述景观迄今未歇,但毕竟科创板问世了。科创新股上市首日(5个交易日内)不设涨停板限制,为二级市场在新股上市首日实现充分的承接筹码铺平了道路。

这种制度的设计和改变,使得新股筹码能够在上市首日即获得充分的交换空间和时间。在某种意义上可以这样讲:这才是新股上市一级市场申购筹码,向二级市场持仓、炒作筹码转换的一条正确的路径和方式。这是一种理念的正确回归。

当然,放开涨停板限制,一个好处是新股的开盘价格会比此前提高较大的幅度。这没有关系,市场行为就应该交给市场去做选择和解决。正所谓减少不必要的"人为干预",如果某只新股远远偏离了它应该具有的市场价格位置,自有市场在极端的时间内予以修正。

书归正传:10年前这本小册子,今天读来仍觉不仅没有过时,而且很现实。

第一,科创新股的基本价值和当年的中小企业、创业板新股相比或许有较大变化,但上市新股,其筹码的置换万变不离其宗——都需要换手率在首日完成一个标准。如果这个标准不能实现,则笃定不利后市的炒作。

第二,科创板新股的开盘价,依然最为重要。因为它是从本质上揭示了一个多空博弈争夺话语权的最终结果。

第三,能够精确控制盘口,在上市首日把某只"科创新股"的"分时换手率"做到"得心应手"的资金主力,一定是实力强大,技艺高超。所以,在开盘3分钟之内,主力抢筹进场的蛛丝马迹是无法掩盖的。

第四，如果换手率合乎"做起来"某只新股的需求标准，但是上市的首日，就像当年的"创业板"28只新股一样，每一只的"振幅"都振上了天，不是200%就是150%——振幅的失控，一般说明这只新股没有办法健康上涨，充其量也就是狂拉一波，随后走上价值回归路。

第五，以上阐述的新股上市首日之技术层面的中规中矩要求，离不开真正被主力看重的某只新股基本面支撑。即这只新股必须具备能让市场接受和认可的价格定位，也就是其"价值区间"的正确评估。

我们认为，新股价值区间的正确评估才是炒作这只新股的罗盘。唯此合规达标，才能真正被市场追捧。

第六，占总比例多半的新股，并不适合在上市首日去破釜沉舟，大举介入。经验告诉我们，也不过只有约1/5新股值得我们在开盘首日去抢筹。我们的新股理论管这种现象叫作"避其首日之锐气""击其三日之惰归"。

当然，在实战中，这里所述都只是一种参考。

在不同的历史阶段，新股上市所走的路径会有不同的特点，比如本次科创板上市前，发行了科创主题基金，这就导致这些基金会选择不同的个股入驻，走出有别于历史新股走势的新的上涨形态。笔者对新股的粗浅认识只在于激发你自己的奇思妙想，创造一套适合自己性格的新打法。这需要你的智慧和创新，但可以相信的是：科创板里，必然会跑出来5倍乃至10倍于发行价的品种，祝愿你炒新大吉，第一时间捷足先登，擒获这种大牛股！（注：本文写就在科创板上市前）

以下是笔者关于新股理论的"六招"即"新股盈利之量化技术"。笔者完全保留了原著的内容，并同时在前面把三篇"序言"一并刊发，供大家参阅。

这本著作的原书总共有 7 章内容，有意看到全书面貌者，可上网购买。

科创板面世，每天都会有新股的相关问题需要我们去面对，为此，安阳只能在自己的新浪博客和微信公众号里给大家做最新的实战分析和探讨。但这并不影响你对本书的详尽阅读。因为这里的 6 节内容是你需要练就的"炒新基本功"，一定要先看懂这些内容，再结合实盘拼杀，你才能真正形成自己的新股交易体系，才能有所斩获。

安阳新浪博客地址：http://blog.sina.com.cn/ayls2008

安阳微信公众号：

安　阳

2019 年 6 月 1 日于深圳八卦岭

序一　寒夜里那束诱人的光亮……

2008年12月17日夜晚,在位于深圳证券交易所大厦24层的招商证券会议室,我遇到了一件令人振奋和激动的事。

那天,是我在美国探亲半年刚刚归国回到深圳的第三天。

当时,时差还尚未倒过来的我,正在休息。但听说上海人民出版社的苏贻鸣主任为修改安阳的书稿下午飞来深圳,他是我写的四本《民间股神》的责任编辑,三年多来,他为出版《民间股神》系列付出了不少艰辛,于是,我不顾疲劳立即起身去看望他并与他共进晚餐。

也巧,席间我认识了一位叫张宏伟的先生,他是深圳一位有名的企业家,当年从合肥工业大学毕业后,怀揣两万块钱只身闯荡深圳,艰苦创业,成功地办过数家公司。他告诉我,他是读《民间股神》系列后怀着一腔热情进入股市的。他不仅以我书中的诸多股神为楷模,还遍访各路高手。近来,他听了安阳炒新股的课,感到十分新奇,收获极大。为了让更多在股市处于迷茫中的投资朋友受益,他白天上班,晚上主动为安阳的讲课张罗忙活。

"白老师,今晚有安阳的课,去听听吧,虽说他不是你书中写到的人物,但听了或许会有新的不同感受和惊喜!"张宏伟诚恳地对我说。

其实,对于安阳,我并不陌生。自从2008年5月份深圳《股市动态分析》周刊开始连载他写的炒新股绝技,他就进入了我的视线,我被他朴实无华的文风和篇篇出新的文章所吸引。之后，我到深圳参加《民间股神》第四集的首发式时，有幸见到了他。虽然见面交流时间很短暂，但他待人诚恳，淡泊名利，专攻学问的谈吐，给我留下了极深的印象。

安阳的经历丰富而坎坷。他曾沐浴过"阶级斗争"年代的风雨，在当年上山下乡时，还当过五年的生产队长。这种不凡的经历，是此后他在股市风浪中大展拳脚的一笔宝贵人生财富。

他是一位老师，一名19岁就入党的中共党员。他酷爱文学与哲学，但从没想过"迷恋"上中国的股市。1993年，一次偶然的机会，当时连孩子生病住院的几百元都交不起的他，在经商的妹妹点拨下，到证券交易所开了户。

他渴望改变人生，渴望财富。

但安阳成为真正的职业投资者是在1996年。12年的风雨，12年的坎坷，他赚过，也赔过。但最终，天道酬勤，矢志不渝的他终于拿到了打开股市财富大门的金钥匙，摸索出一套股市制胜的方法。

尽管我早想有机会听听他的课，但当张宏伟邀请我当晚去听他的课时，我不免多少有一些迟疑。这倒不是因为安阳在我的眼里还算是民间高手中的"新秀"，更重要的是，我感到漫长的股市寒夜给我的威胁，使我有点战栗。

我在美国滞留了整整半年时间，正是世界金融风暴掀起滔天巨浪的时候。我漫步华尔街，目睹了雷曼兄弟的倒台，在次贷危机的影响下，中国股市一泻千里，从2007年10月的6124点跌至1664点，十个月里跌幅高达72.8%，时间之短，跌势之惨烈，是中国股市历史之罕见。

往日热闹的股市没了，沙龙也散了，投资者信心丧失殆尽，在这"冰雪寒冷"的夜晚，难道还会有人来听说教？

但，就在我怀着疑惑的心情与上海人民出版社的苏贻鸣主任一同步入安阳讲课的会场时，一下子竟为眼前的景象而惊叹：偌大的会议室，满满登登，座无虚席，一个个细心地听，认真地记，安阳正热火朝天、激情满怀地讲着课。据说，他已连续八个夜晚在为股民加班上课了，听得出他的声音都嘶哑了。

这是多么感人的一幅画卷！如此惨淡的市道，有如此热烈的学习场景，真犹如寒夜里的一束光亮，令人振奋和激动！

"白老师，我是安阳老师的一个老学生了，他走到哪里讲课，我都要赶过去听，光这几个月都听了好几次了。他讲得真好，怎么听也听不够！"坐在后排的申小姐悄声对我说。

我认真地听着安阳的课，他的激情、他的坦诚一直在打动着我。他把他多年对新股操作的全部经验和盘托出，没有噱头，没有遮掩，更没有炫耀与夸张。

尤其是他独创的"新股盈利模式"，对上市首日的新股做到了本质性的把握，透过他设置的分时换手率及完美的振幅标准，便可摸准主力操作新股的生命线，揭示其新股上涨的核心动力及其内在的涨跌规律，这在国内，也无疑堪称是炒新的顶尖级技术，既实用，又简约。

安阳"狙击新股六招"和他的"新股六大盈利模式"是这本书的精华所在，也是他近年来对上市的近300只新股进行最终分类研究的结晶。他的学生们都称，那是一把难得的打开股市财富大门的金钥匙。

当然，安阳的炒新秘招不只是他的一种理论成果，更是他多年实战的真切体验。他是业内公认的权威炒新（股）实战派专家，炒新"现场实盘"三分钟即能定输赢的一位少见的奇人。其炒新理论操作的准确率之高，令众人称道。尤其是敢于现场实盘授课的人，极为少见。

张宏伟先生对我说，安阳能在熊气漫漫的今天拥有如此众多的铁杆粉丝，并非易事。他告诉我这样一件事：那是在水晶光电和川润股份挂牌上

市的2008年9月19日上午。刚刚开盘仅两分钟，安阳根据他的炒新理论迅即发出了"不可买入"操作指令。没想到，事态的发展竟让现场跟着他做实盘的投资者大跌眼镜：水晶光电和川润股份似有意向安阳"示威"，分别以182%和172%涨幅的冲天大阳，屹立盘中。收盘后，怨声不绝于耳。许多人怪安阳让大家错失了一次赚钱的大好机会。当时，竟没有一个人报名参加他的培训班。

难道自己多年总结的理论失准无效？安阳承受着极大的压力。没想到，此后两股连续10个跌停的走势，以铁一般的事实为安阳炒新理论"昭雪平反"，一时的怨声载道变成了赞不绝口。类似的例子，不胜枚举。

安阳多次在与我交谈中袒露心迹：我讲课、出书不是想出名，只是想把自己多年在实战中的一些点滴体会告诉更多的人，帮助那些还处在迷茫中的投资者，让他们多掌握一些股市博弈获胜的方法与技巧。

他对广大投资者有句赠语：要想成为"赢"家，必先读懂平安前提下的第一条阳线！他说，这是他名字的另一种诠释，也是要投资者努力寻找股市"启动点"的一种企盼！

黑夜不会永远黑暗，寒夜总有终结的一天。在中国股市黎明前的黑夜里，安阳正在默默而孜孜不倦地工作着，他要让更多的人掌握股市制胜的利器，拥有打开财富大门的金钥匙，他要用光亮引领更多迷茫的人一起前行……

他付出的艰辛，一定会结出硕果。

我由衷地祝愿他！

白青山
2008年平安夜于深圳

序二 "新股猎豹"：听他的课，会有一种奇怪的幸福感

《新股盈利秘招》是安阳先生潜心研究、多年实战检验后的成果，如今得以出版，公之于世，既由衷为作者喝彩，也为广大股民感到高兴。该书的内容在出版之前我就已经看过，对其在新股领域的研究和成就十分敬佩。现在能静下来做研究的人已经越来越少，原创性也越来越差，但安阳先生给了我们很好的榜样。

安阳先生的讲课我听过，一派学者风范，很难见到资本市场的浮躁气，平和，实在，优雅。其中感受最深的就是对普通投资者感同身受的理解、包容与同情。一般几个小时的讲课下来，少有人离场，这算是一个不大不小的奇迹吧。我经历的很多这样的公众课堂常常是人来人去，菜市场一般地喧闹和逍遥。当中尤为佩服的是安阳先生对于理论、指标、数据的讲述能让很多根本没入门的人听懂，让听众有恍然大悟之感。能够深入浅出，把复杂的理论简单化并让普通受众接受理解，并不是所有人都做得到的。听他的课，会有一种奇怪的幸福感，我会想要是我有这样的老师，那将是一件多么幸福的事情。

大家知道，安阳先生在网上以"新股猎豹"著称，他对新股的研究独树一帜，自成一派。新股该怎么分析？怎么投资？一直以来，人们对新股的投资热情似火，关于新股的研究却是寥寥，这和新股活跃的特点不太相

符。安阳先生恰当其时，用其多年的积累行文成篇，进行新股理论与操作层面的阐述，十分有益。认识与操作新股，你需要什么样的技巧，你需要什么样的参数，你需要什么样的判断标准，你需要什么样的决策机制，这里都有。通过读这本书就能获得新股投资的成功吗？我不敢说百分之百，但我能说的是，你百分之百会获得不错的体验，而且这种体验将会延续到你的实际操作中来。

我觉得，本书的意义就在于给我们在投资新股实战过程中进行一个系统的指导和全方位真实的记录，对于新股的各种特征进行了细致入微的描述，数理基础也相当扎实，对于很多大家关心的新股问题，也给出了很详细的解决方案，你所需要的就是尽量理解，然后好好地运用，其中的安阳解盘系列给予了大量第一手客观的分析数据，保持了市场的连贯性、生动性和"原生态"，无论是当时或是现在看来都是十分难得的资料。

安阳先生平时很忙，见上先生一面比较难，能在这么繁忙的工作中抽出时间研究新股而成书，实在是我们读者的幸事。

深圳推手　王先春

2008年12月12日于深圳

序三　操作新股，也是一种博弈

我一直认为，一个成熟的证券市场是应当能够包容多元化投资理念的市场，绝非某种单一理念主导一切的市场。投资理念并无高低贵贱之分，如果某一个时期大家都对某一种理念顶礼膜拜的时候，那么市场一定出了问题，如早期"无庄不股"的庄股年代抑或2007年年末的蓝筹泡沫时期。

我认识安阳并了解他的投资理念是2008年的春天。在此之前，我对于新股上市后的博弈了解并不多。但随着阅读安阳的文章，我开始对这一领域有了更加深刻的认识。安阳对于新股特别是上市首日新股的集合竞价、全天（分时）换手率、全天（分时）振幅、3分钟量价关系、新股估值区间、筹码沉淀以及上市前综合分析等层面作了概括，归纳总结出了一套极具操作性的新股理论。

综观安阳的新股操作理论，其核心理念是研究影响新股走势的主导力量以及这些力量最终在盘面之间表现出怎样的特征，偏重于技术分析范畴。从理论上讲，由于新股上市初期，大部分筹码为申购新股投资者按比例配售获得，相对比较分散，运用技术分析为主导的方法加以研究，其成功率往往会高于老股票。

当然，安阳的新股理论并非单一依靠技术分析，在他看来，新股价值评估是决定新股沉浮的罗盘，同样不可忽视。

安阳将他的新股操作理论归纳为狙击新股六招、新股六大盈利模式、新股六不碰、新股六大经典战术、新股上市首日重要时间窗口等五个部分。这些内容曾在《股市动态分析》杂志中进行了连载，并获得了新老读者的好评。此次安阳将作品进一步加以整理并最终出版，应是广大投资者的一件幸事。

赵　迪

2008 年 12 月于深圳圣廷苑

目录

第一章　主旨篇

第一节　"涨停"的前提是要有"突破" …………………………… 003

第二节　"涨停"的基础是要有合乎标准的"成交量" …………… 010

第三节　"涨停"后的未来高度，取决于前方"阻力"的大小 …… 029

第四节　"涨停"后是否回杀，要看下方的"支撑"力度 ………… 041

第五节　"题材"是热点板块炒作必戴的面罩和不可或缺的由头 … 054

第六节　分时走势对于精准、及时捕捉涨停板的重要性 ………… 061

第二章　细节篇

第一节　做涨停板，要谨防"假突破"的技术陷阱 ……………… 083

第二节　战术缺口形成的量度升幅短线技巧 ……………………… 088

第三节　龙头股把"傍线起涨"演绎到极致 ……………………… 092

第四节　大跌日，强势股"分时反弹"必出原则 ………………… 099

第五节　短线高手须关注二板"踏雪无痕"的缺口细节 ………… 105

第六节　强势个股的一小时"双量超"技法 ……………………… 112

第七节　60分钟图"量柱林立"及买入战术…………………… 118

第八节　强势调整后的"牵起牛头"短线技巧………………… 124

第九节　江恩线突破上边沿线技巧……………………………… 130

第十节　"踩线过顶"稳健投资的获利法宝…………………… 136

第十一节　以弱示人的"入线阴"诈线技法及其他…………… 142

第十二节　严防死守"大线"的玄机奥秘……………………… 150

第三章　新股篇

第一节　狙击新股六招…………………………………………… 159

第二节　价值评估是决定新股首日沉浮的罗盘………………… 161

第三节　新股分时换手的精确量化技术………………………… 166

第四节　新股开盘价的极端重要性……………………………… 170

第五节　振幅要求近乎完美无瑕………………………………… 174

第六节　通过3分钟换手提前感知机构动向…………………… 178

第七节　"避其锐气，击其惰归"……………………………… 183

后记………………………………………………………………… 189

第一章

主旨篇

第一节 "涨停"的前提是要有"突破"

开宗明义，我们做涨停板的本质就是做"突破"。我们所要擒获的涨停板个股必须是面临"突破口"或说兵临"突破口"城下的个股。不具备这一条件的个股，抢涨停失败的概率高。

先来说什么叫"突破"。

突破是针对调整而言的。它是经过一段时间的一轮整理后，开始了新的一波上涨。它意味着一个新趋势的开始。在我们的脑海里确立"做突破"和"只做突破"的理念，永远是我们做股票的出发点和落脚点。

A股市场，正常情况下，每天都会有几十只涨停的股票，但这些涨停股并不是每只都处在一个适合买进的位置，也就是说，其中每天鱼目混珠的至少会占90%。因为我们都具备这种常识：第二天你再去看昨日涨停，也不过所剩无几的还可能会涨停或红盘，大多数已经不知所终。

那么，在这一天里，什么样的涨停股才是值得我们关注的个股呢？

正确的答案只能是：看看哪一只恰好处在关键的"突破口"的位置（一般都只有一只，而不是一些）。

这里所说的"突破口"，是任何一只由弱转强、由回撤整理转向新一轮上涨股票必须"通过"的关口，即谁也跳不过去的"一道坎"，一个"通关"的隘口。

我们下面来看2019年1月份有代表性的4只个股，它们在"突破口"的表现如何。

本节案例之一：特发信息（000070），5G，芯片题材。

2019年1月2日，该股开门大吉。开盘后一小时（10:30）即冲击涨停首板。

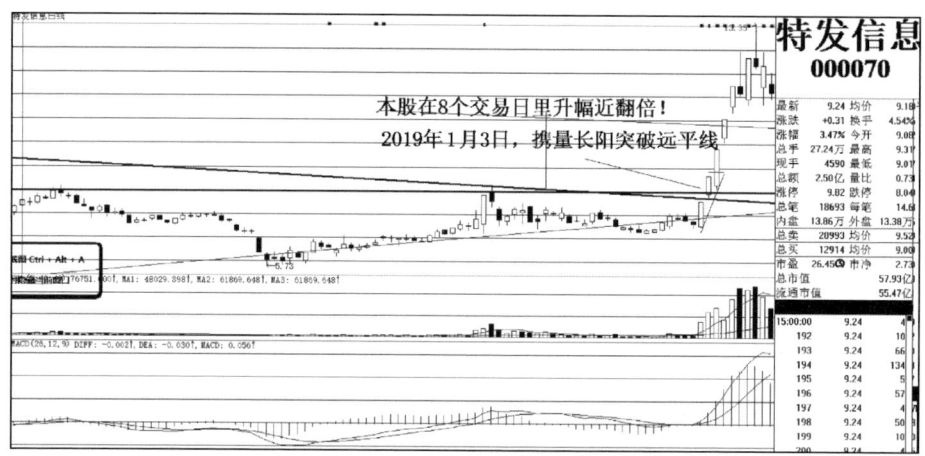

图 1-1

1月3日，特发信息携日换手率9.92%的"立庄"大量，下带缺口，突破了"远平线"和年线的阻力，在短短8个交易日内，即完成了升幅接近翻倍的目标。（如图1-1）

这只股票，我们在第一时间发现其起涨的蛛丝马迹，并立即在博客里做出"通过前顶"提示。（如图1-2）

安然　　　　2019/1/3 9:39:21
友情提示：

　　特发信息，芯片5G概念。
　　属于开闸回丰股，临界启动量。
　　通过前顶，只适宜早发现，早介入。（昨天）
　　回撤挂单参考价：7.51元

图 1-2

我们之所以在这里把盘中提示发表出来，主要是要告诉大家一个道理：股市的知识不只是用来学的，更重要的是要学以致用。

许多理论书籍下笔就是洋洋洒洒数万言，但距离实战的硝烟几千里远，学来学去，对实战帮助并不大。

安阳认为：股市本身是一个强调知行合一、杀气四伏的战场，所写的东西一定是来自实战的精华总结，并且能在实战中接受检验，才是具有实用价值的，也才会对大家有所帮助。

当然，这种写作"体例"对安阳来说，也是一种尝试和大胆的创新。它要求阅读者须对照当天的K线（都是刚刚过去不久的）按图索骥，若此，才会学到真正的实战本领。

本节案例之二：风范股份（601700），特高压的龙头一号。

本股在2018年12月26日突发涨停首板。2019年1月2日，跳空带量（日换手5.47%）一举突破"远平线"，在10个交易日内，完成了涨幅150%，成为2019年具代表性的一只牛气冲天的强势股。（如图1-3）

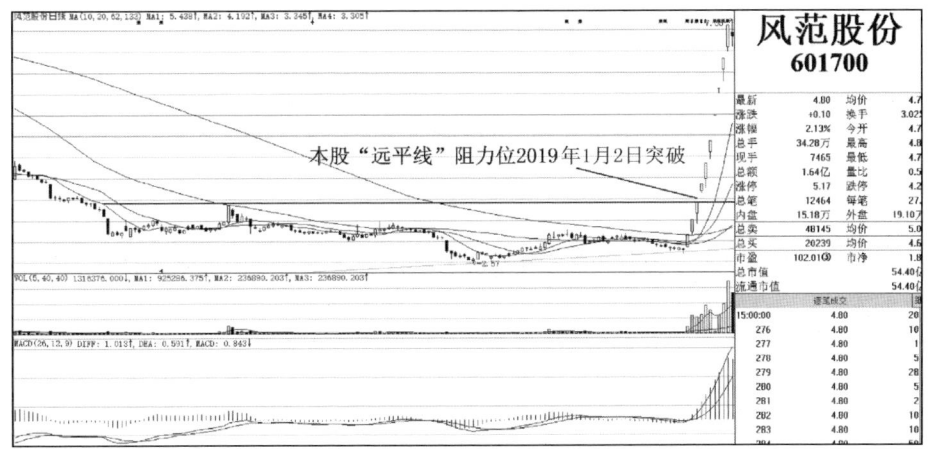

图1-3

本节案例之三：贝通信（现名为中贝通信，603220），5G 题材，2019 年年初龙头代表。

本股 2019 年 1 月 9 日开盘后一小时内触及涨停板。之后"开闸放水"做量，尾市完成回封。封板首日全天换手率 45.83%，属于次新股换手率达标。

第二天（1 月 10 日）开盘即快速封板。突破 0 号线和远平线，并且创历史新高！

这也是一只在 15 个交易日内完成翻倍的大牛股。（如图 1-4）

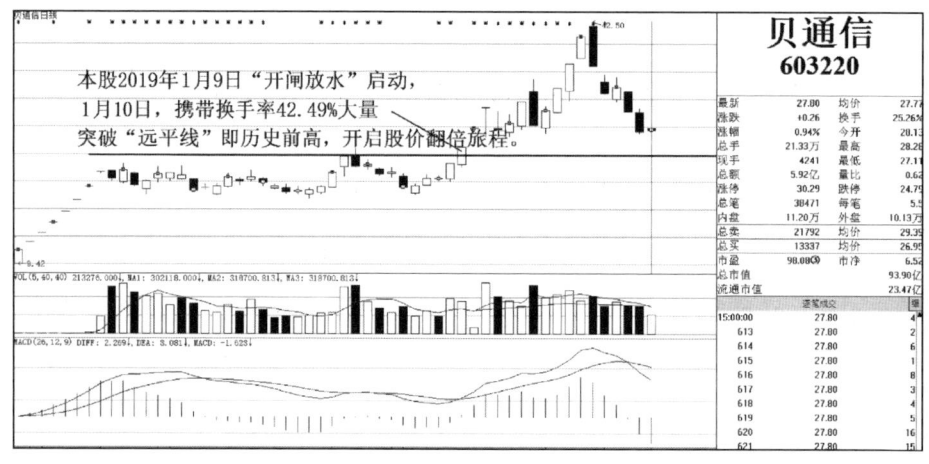

图 1-4

本节案例之四：通产丽星（002243），这是一只走得含蓄，但却认真的强势股。

该股受到收购和创投题材的刺激，连拉 6 个一字涨停板。

2019 年 1 月 2 日开局后，该股回撤 10 天生命线，从这里以 15% 的单日换手率再次启动,接着强势调整3天,把受不住的人赶下车。1月9日,再次跳空开盘,一小时内封涨停。

从1月4日算起,也在9天内完成了55%的涨幅,堪称短线牛股经典。(如图1-5)

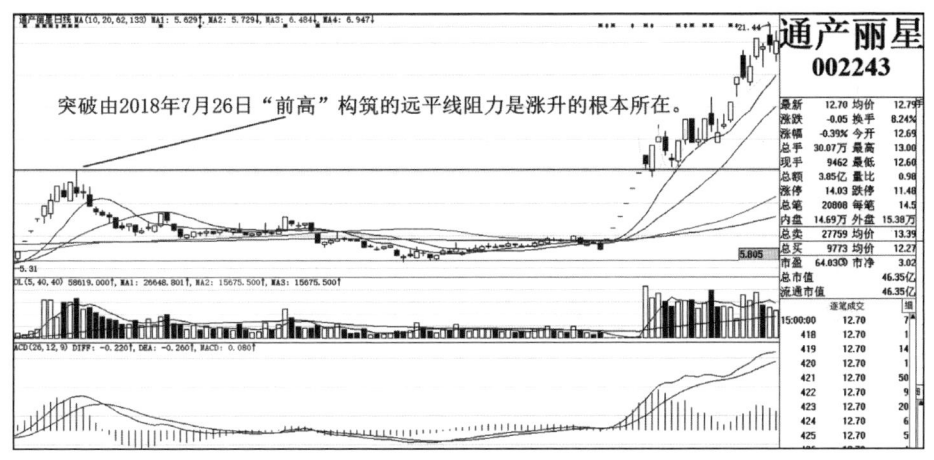

图1-5

那么,这只个股为什么有这样强悍的力度呢?

如果你懂得什么叫突破,请往远处看过去:由2018年7月26日高点构筑的"远平线"被一举突破,破除了前高的阻力是最根本的原因。

对于这只股票,我们也是一如既往,在2019年1月2日的博文里第一时间给予提示,还展示出部分交割单,并且指出:1月2日的"买入点位"叫作"一板卡位看未来"的技术运用(参考1月5日的安阳博文《周末解盘》)。

通过以上今年最新的经典案例,我们可以看出,这些最值得我们关注和介入的个股,它们的一个共同特征就是突破了阻碍自己向上拓展空间的这一条所谓"远平线"。我们把这条大线所处的水平价位称为"突破口"。

所说"突破口"是指：在一个股价的横盘区域，我们可以画一条水平的趋势压力线。这条压力线要以过"点"最多、时间最长和成交量最大那天的那一条为基准。

这一条水平阻力线的价位，就是突破口位置。

需要说明，本节内容我们以研究"水平方向的突破"为主，并不等于说突破"中长期趋势压力线"即来自"斜边"方向的突破不重要（那是另外章节的内容）。

这种"水平线"向上穿越的突破都有一个共同特点：它们都具备较长横盘时间（要求不少于120天），且其整理期间的最低价位都会出现在整理这段时间的居中位置，我们就给这一条运用"切线理论"（即画线工具）做出来的"突破口"水平阻力线的"上突"一个固定称谓——"远平线突破"。

说到了突破，我们自然会想到，个股绝不仅仅限于一种"远平线突破"，还包括对中长期趋势压力线的突破（我称之为"金撬棍突破"）以及对"大季线"的突破和对历史前高的突破，等等。我们之所以在第一节里把重点放在对"远平线"的突破上，只因为它更加直观和简明清晰。实战中，许多突破远平线的个股，尤其是次新股，也大都是同步突破了历史前高的股票；或可以此类推，同时会出现多级共振的突破，这种效果才最佳和更强。记住：问题的核心无需放在突破"种类"，而在于突破后"是真是假"的辨识上！有不少朋友迄今对"突破"仍望而生畏，也因之对"涨停板"敬而远之，究其原因：主要是上当太多，每次都钻进"假突破"的圈套。关于如何识别"假突破"是另外章节的内容（细节篇），恕不赘述。

本节小结

做股票要想成为赢家,你需要具备很高的综合素质和专业素质,单就选股操作的技术层面看,重在搞懂最强势股票趋强的内在逻辑。

它的第一个最重要的技术特征就是"突破",即只有学会了把握"带量突破"这个技术要点,你才算是读懂了涨停板通关金钥匙"第一主旨"。也就是说,完成对远平线的突破(或金撬棍的突破)是上涨主升浪开启的本质特征。只有把握准此处的"突破"你才能真正握住个股攻击力度的强弱,才算是真正牵住了牛鼻子。

第二节 "涨停"的基础是要有合乎标准的"成交量"

行股人都知道成交量的重要性,成交量是涨停的根基。

它是检验涨停板真假的不二法则,也是确保涨停板成色高低的守护神,当然,它也是我们老生常谈的一个话题。

我们先来看,上述第一节里的4个代表性强势品种,即"特发信息""风范股份""贝通信""通产丽星",看它们的涨停首板,成交量即"日换手率"的情况:

(1)特发信息,2019年1月2日,涨停第一板,换手率:9.92%。

(2)风范股份,2018年12月26日,涨停首板换手率:1.96%(不足),第二板突破年线,换手率为:5.24%(补量)。

(3)贝通信,2019年1月9日,起涨的首日,换手率:45.83%。

(4)通产丽星,2019年1月8日,涨停突破换手率高达13.79%。

以下,我们再来看2019年1月份表现优良个股的启动日换手率状况。

本节案例之一:华正新材(603186),5G,锂电,覆铜板涨价题材。

这只个股并不惊艳,但在2019年1月份,也是一只具备可操作性的连拉 3 个涨停板的强势股。

1 月 8 日，该股结束了长达 40 天的下飘旗形整理，站到了旗面的上边沿线之上。

而这一突破的壮举，是以 1 月 8 日携量 6.06% 为标志的。之后稍作停留，涨升约 40%。（如图 1-6）

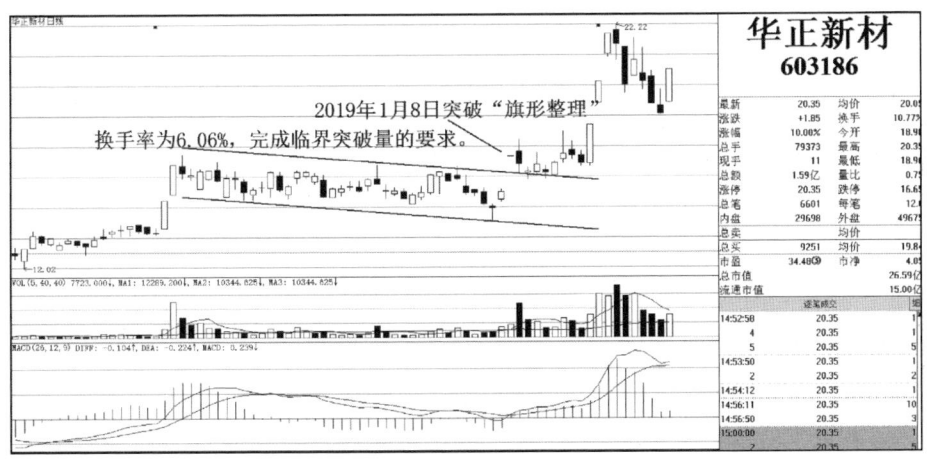

图 1-6

遗憾的是，我们有位持有 13 万股的学员朋友，前面的 40 天咬牙坚持了下来，反而在 1 月 8 日带量突破后的次日洗盘时逃之夭夭。在此之后，他恨得牙根直痒，最主要的就是他没有看懂这里成交量玩的猫腻。

本节案例之二：法尔胜（000890），超导概念，电线电缆，跟风股。

这不算是最强势的品种，但我们看到该股 1 月 3 日以 2.34% 的换手冲起首板。

成交量只能算是实现了初级的"苏醒量"。这时，需要我们参考一个细节（后面章节还有叙述），即该股的流通盘为 3.8 亿股（全流通），前十大股东持股占比 42.53%，等于说实际流通筹码约为 2.3 亿股；该股的流通市值当时大约为 18 亿元。

这样的筹码结构应成为我们选股的样板。（如图 1-7）

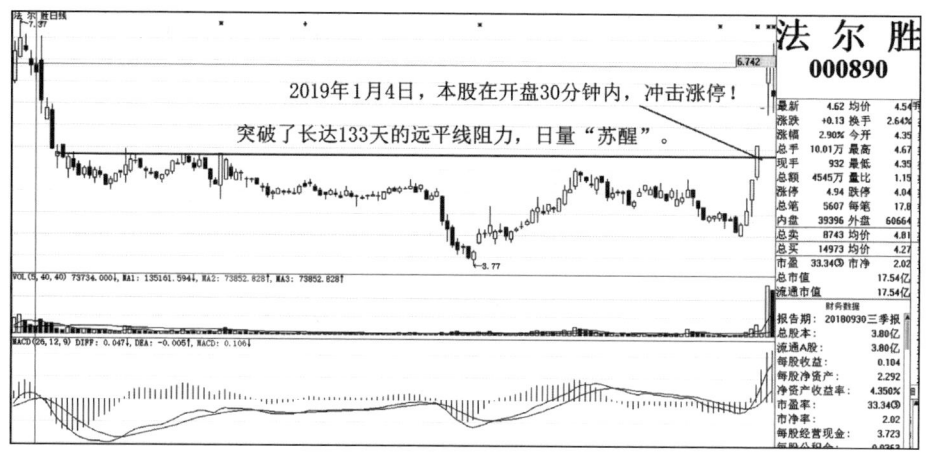

图 1-7

这只股票不负众望，在 7 个交易日里，最高涨幅冲击 65%。

我们也把这一位"猛将"及时放入了 2019 年 1 月 4 日 9:35 的早晨提示里。

同时，我们还提示了"国电南自"和"实达集团"。（如图 1-8）

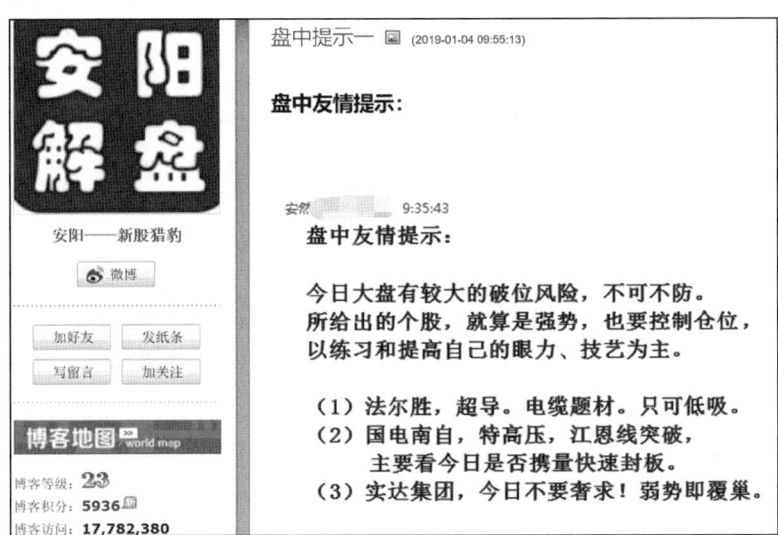

图 1-8

本节案例之三：国电南自（600268），特高压题材，充电桩概念。

本股的流通盘 6.35 亿股，前十大股东持股占比 53.51%。

2019 年 1 月 3 日，尾市封住涨停第一板，当天换手率达到 4.73%（临界启动量）。

1 月 4 日早晨，盘中及时给出提示，也属于带量突破远平线和金撬棍线。

本股 2018 年 12 月 27 日的"高开长阴"兼有"黑太阳"洗盘之嫌。

1 月 3 日回踩 10 天生命线，理所当然被收入我们的跟踪视野。（如图 1-9）

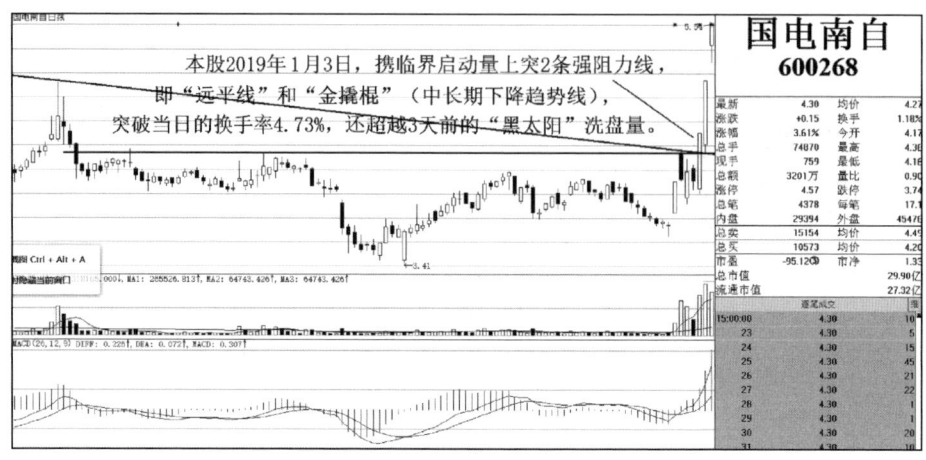

图 1-9

本节案例之四：实达集团（600734），创投题材，5G 概念。

本股属于跟风性质，2019年1月2日率先启动涨停，当日换手率8.32%，接近立桩量，一举突破压在头顶的133日半年线。（如图1-10）

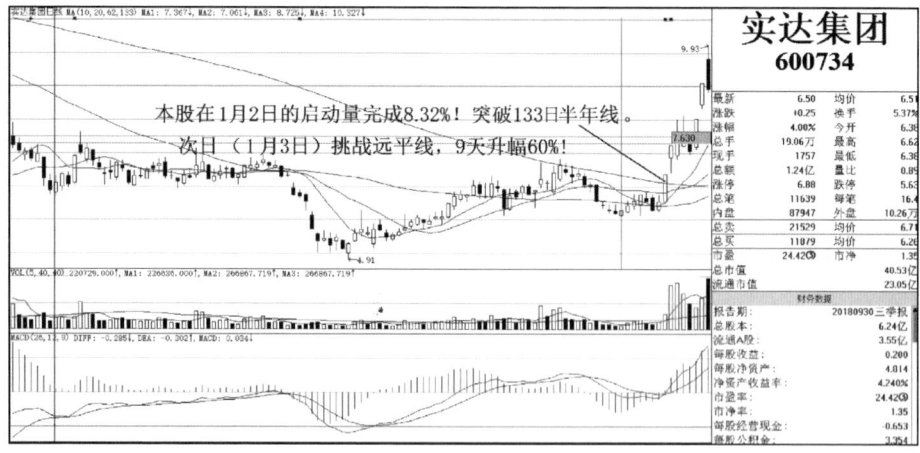

图 1-10

2019年1月3日，向上跳空缺口开盘。分时曲线显示：冲高未及涨停回撤前收盘，然后在一小时过后，回封涨停。（分时曲线呈现"汉钟精机"同类走势，可参考本书细节篇"汉钟精机"图）

该股波段升幅也快速完成60%，属于2019年开局第一周的热门股。

在2019年开门伊始，以上个股的即兴表现给市场带来了开门红的勃勃生机。

更感觉欣慰的是，我们在第一周由于把重点放在对突破，尤其是对突破成交量的密切关注上，使我们及时捕捉到了这些"网红"的蛛丝马迹。

说句心里话，这种稍纵即逝的喜悦与满足，与安阳25年股市生涯中的血与泪、喜与悲比起来，实在算不了什么。即使这点点滴滴感悟，也确实从某种角度触及了市场主导资金运作的某些形态和心态的侧面，能对读者朋友有所启发，已令我满足。而必须指出的是：本书所有案例所描述内容都需在一定条件限制下解读。特定条件时间段的走势含义，即使精辟准确揭示了主力资金的操作意图，或者也给我们提供并把握住了战机，但在实战中，面对不同的个案，都仍旧需要自己慎重考虑。完全地复制，几乎不可能，唯有牢记这一点，你才能减少投资过程中的冲动和盲目性。

下面，我们继续涨停板通关金钥匙"主旨篇"关于成交量的讨论，以下再试举2019年年初的6个案例。

为什么要这样密集乃至重复地在这里投入如此篇幅和精力呢？

根本原因就在于：成交量问题在"涨停板通关金钥匙"里，是"主旨"中的"主旨"。我们只有把这一部分反复咀嚼，掰开揉碎，烂熟于心，才可以在后面的学习过程中慢慢入心，才能在之后的实战厮杀时尽量减少一些损失。

下面，我们仍旧选择2019年1月剩余3周内的6只个股，通过分析它们的盘口表现，着重分析其成交量对于趋势的影响。

这 6 只个股中，不仅有正面成功的案例，也包括反面失败案例的分析总结。

本节案例之五：芭田股份（002170），2019 年 1 月涌现出来"磷化工涨价概念"，龙头一号。

这只股票，2019 年 1 月 18 日早晨涨停价开盘。

9:31 换手率只有 0.2%，9:32 变作 0.5%；快速"开板"做量，回撤 5% 涨幅价位。

20 分钟后即 9:50 回封。回封的触板量仅为 2%，全天换手率 4.82%（完成临界启动量）。（如图 1-11）

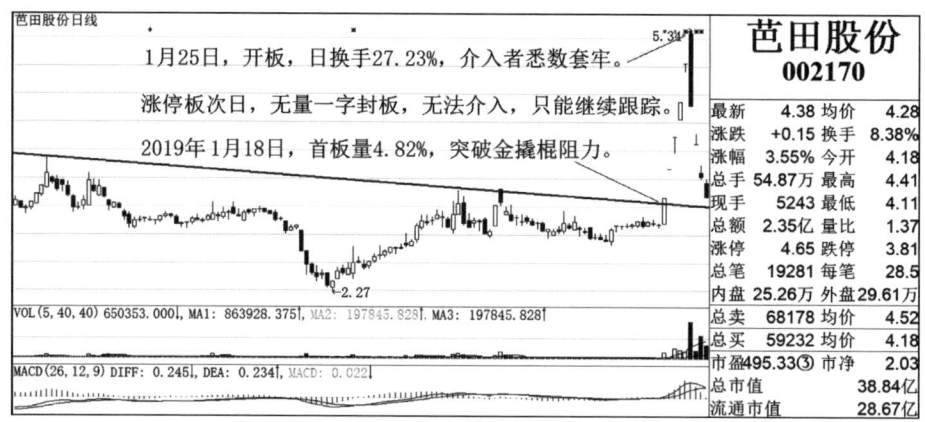

图 1-11

本股流通盘 6.55 亿股，前十大流通股东累计占比 33%。流通市值 22.72 亿元，首板总成交金额 1.06 亿元。

从以上基本面和首板表现看，具备临界启动量，远平线即将突破。

前有基因板，4 条主要均线聚合处下，属于不叫你进场的那一类股。

本股第二天一字开板,封板一天无量。主力资金采取了"二板一字不准进"的策略,这样,就把这只股票引上了不归路。此股一口气连拉5个涨停,第6天(1月25日)开板日换手率27.23%,接近流通盘的1/3量,将当天进场和之前进场的人悉数套住。

这一案例告诉我们:首日成交量比较合适的个股,往往在首日并不给你进场的机会。因为开盘最初20分钟内,你的注意力未必就在这里,而且其换手率当时也不达要求。在你还没有想清楚时,它已经封住板,关上了大门。对于这样的个股,我们常常望洋兴叹,望尘莫及。

其实我们需要认识到:第一,有些股票主力是抱定决心不叫你介入,进不去也无需遗憾。

第二,这只股票连拉涨停,开板之日,就是套人之时,用心险恶。我们不能为了拼一次成功,而付出50次失败的代价。

第三,有时候,成交量因控盘程度高等原因,也会出现一些让人难以判断的困惑。

这些都是行股之人经常遇到的问题。应对的方法就是:看不懂的股票姑且放弃,并不是每一只股票都必须去买。选择是什么?选择就是学会放弃。

本节案例之六:沈阳机床(000410),工业互联网题材。

无独有偶,刚刚说完芭田股份,我们再来分析沈阳机床,印象会加深一步。

从形态上看,沈阳机床2019年1月14日的涨停板也不是善茬:一是封板的速度快,二是不带量(全天换手率1.43%)。(如图1-12)

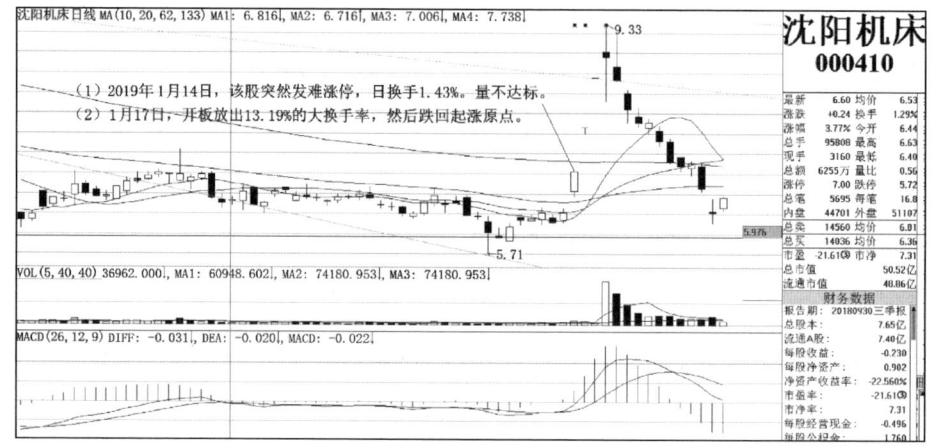

图 1-12

我们反复强调,在研究个股涨停板现象"量能"的时候,其一是要重视速度,封速越快越好,早封秒封最好;其二是同步成交量必须放大。——这显然是一道难题,封板早的股票,往往换不出手来。

但现实的实战经验告诉我们,只有速度快且带量的涨停板,才是最好的品种。

本股虽然随后也连续拉升,但始终无量,我们视之为"自拉自唱"。1月17日打开涨停,换手率13.19%,寿终正寝,一口气跌回了起涨的原点。这类股我们是不是要敬而远之呢?

本节案例之七:广东甘化(000576),航天军工,造纸印刷概念。

当你打开"广东甘化"2019年1月份的日K线图,审视它的涨停板时,你一定会感到很失望。

这只股又没有多大涨幅,看它做什么呢?

我们前面说过,如果我们只选择升幅较大的个股分析,看上去固然很

"带劲儿",但你想过没有,绝大多数——至少占 80% 的涨停板个股,都不会成功(至少目前如此)。

一路上扬快速翻倍的个股,在下跌市里,只能占到百分之几,甚至千分之几。

更多的占比超过 90% 的个股,虽然它们走不出上升趋势,但其第一个涨停板却和那些走成功的股票并无太大区别。"鱼目混珠"这个词说的就是这种现象。

这种股票很容易让初学者上当受骗。我们在实盘操作中,很多时候买的都是这种股。

所以,有必要拿出来一只这种类型的股票,即成交量也蛮好的,就是不会涨的样板做分析。

广东甘化,1 月 15 日,开盘 5 分钟就封住了涨停,分时曲线走得像模像样。(如图 1-13、图 1-14)

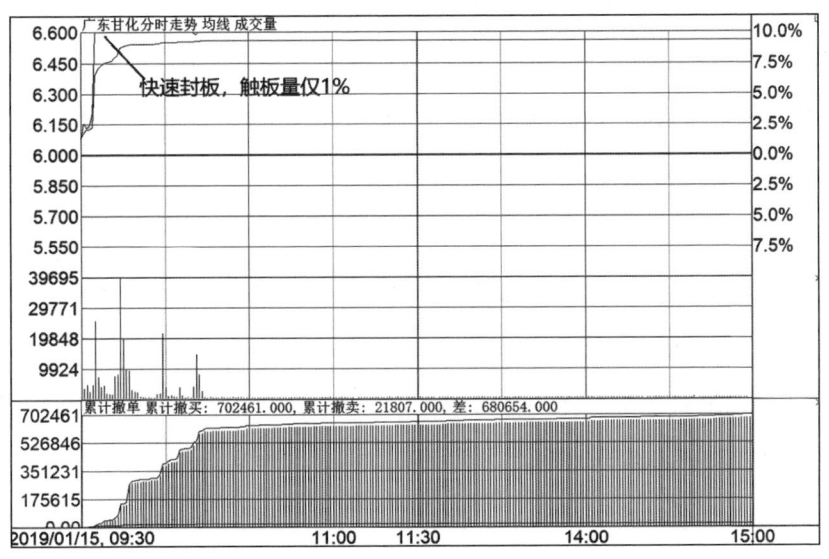

图 1-13

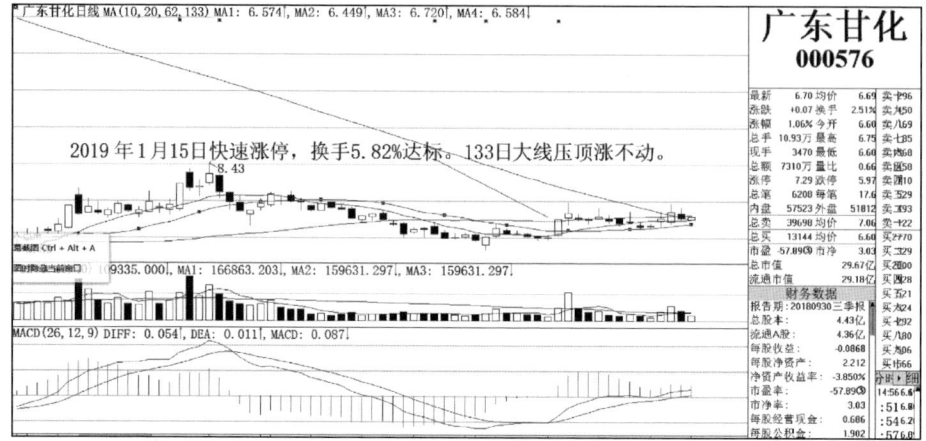

图 1-14

最重要的是：我们看它全天换手率 5.82%。对于一只老股票，这个量可谓是中规中矩的临界启动量。即便当天买不到手，次日也会争取介入。

且慢，这只股有 2 处硬伤。

（1）大线压顶。抬头向上看，不远处就是 133 日线（这个话题下一节重点讨论），大线在上压制股价时，这种股票涨起来的困难会比较大。

（2）分时曲线，我们要看清楚，该股的触板量只有 1%，而板上量却很大（1∶5），两者的比例失当，导致这只个股次日冲高回落，继续横盘筑底。

此外，还需要提示读者的是：在我们看分时曲线图的时候，要知道如下的几个"不一样"。

（1）早晨开盘后，第一小时内，3 波涨停和一字板涨停的含义不一样；3 波涨停和一手板（无量）不一样。

（2）一字板封板带量和一字板封板不带量的含义不一样。

（3）次新股特别是小盘股涨停和大盘股一小时涨停的含义也不一样。

（4）首板之后，次日开盘的集合竞价量大于等于 2%（次新）、大于等于 0.5%（老股）与无此量的不一样。

（5）首板不达标的，次日开盘处置方式不一样，高开一旦冲高 6%，预挂卖单一多半；低开不上，立刻止损。

本节案例之八：汉钟精机（002158），新能源，燃料电池题材。

我们注意到"汉钟精机"应该是 2019 年 1 月 15 日做"复盘作业"的时候。

这只股票 1 月 15 日的涨停板，封板时间略显迟，但其走势流畅务实。

1 月 15 日换手率 3.01%，完成苏醒量。其流通盘 5.29 亿股（全流通），前十大流通股东持股占比 63.89%。据此，可视为短线启动量能基本达标。

第二天，本股拉第二个涨停板，量能放大到 8.74%，按照"涨停板买入法则"刚好可以买到。

这只股票毕竟算不上叱咤风云的龙头一号，在首板涨停第二天其分时曲线走成"剑走偏锋"形态，给出了大家绝佳的介入点位。从此买入，3 天后卖出，赢利逾 20%。

实盘中，我们在 1 月 16 日早晨 9:25 及时提示读者。可以说，该股提供了一次理想的短线战机。（参见提示截图，该股日 K 线和朋友的买入交割单截图，如图 1–15、图 1–16、图 1–17）

```
安然(        )    2019/1/16 9:25:15

今日提示：（第二批）

（1）神州信息（000555）华为，独角兽
              封板早，开闸放水，需要补量。


（2）汉钟精机（002158）新能源，工业互联
              0号线支撑，前方有阻力，
              低挂单（涨停法则）应有戏。
```

图 1-15

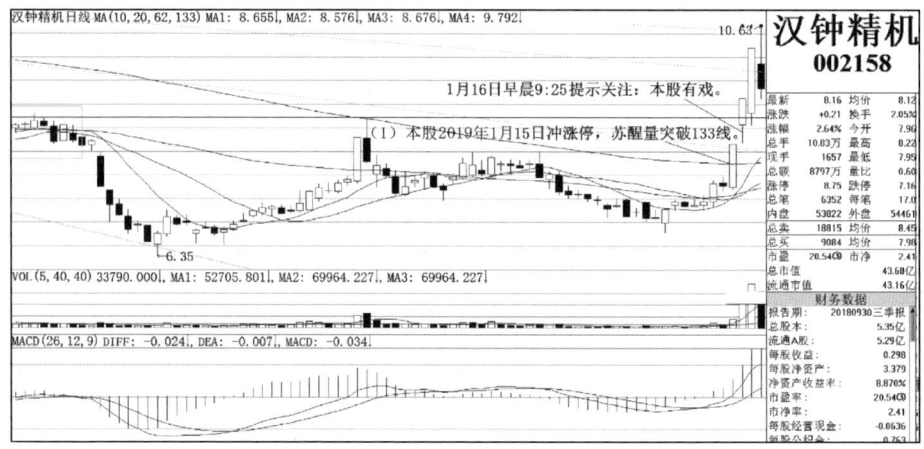

图 1-16

20190116	10:00:13	002158	汉钟精机	证券买入	8.580	5000	3434	8.580	5000	42900.000
20190116	10:00:43	002158	汉钟精机	证券买入	8.460	3000	3922	8.460	3000	25380.000
20190116	10:00:51	002158	汉钟精机	证券买入	8.450	2000	762	8.450	2000	16900.000
20190116	10:00:43	002158	汉钟精机	证券买入	8.460	5000	984	8.460	5000	42300.000
20190116	10:30:29	002158	汉钟精机	证券买入	8.710	1000	23922	8.710	1000	8710.000

交时间	股东帐户	交易市场	证券代码	证券名称	操作	成交数量	成交均价	成交金额	合同号
9:36:04		深圳A股	002158	汉钟精机	融券买入	2300	8.700	20010.000	159
9:34:57		深圳A股	002158	汉钟精机	担保品买入	2600	8.750	22750.000	137

图 1-17

本节案例之九：全柴动力（600218），2019年1月份"燃料电池第一股"。

该股3.69亿的流通盘，前十流通股东占比40.79%，启动后日成交金额均在3.5亿元左右。其实，进入2019年以后，市场悄然出现了一种"大地微微暖气吹"的景象。

那么，全柴动力完全称得上是一朵早开的报春奇葩。

1月14日，该股一个跳空缺口，不由分说，封死涨停板。

两个"黄金眼"一眨，换手率就放大到4.2%，全天换手率4.80%。

这是一个首板"量价统一"琴瑟和鸣的经典案例。

这样的股票通常都是买不到手的，凡买不到的涨停带量首板，一般都是好股。（如图1-18）

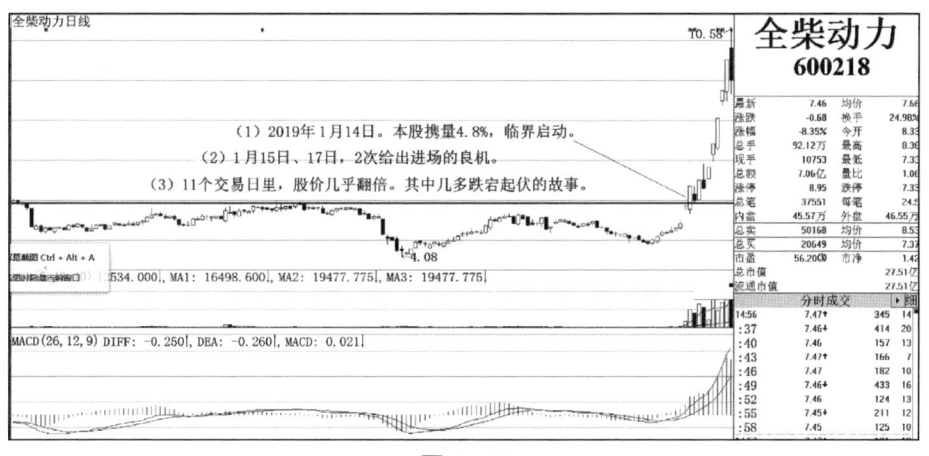

图1-18

2019年1月15日（次日）全柴动力低开迅速冲板，第一小时内两次开板，在10:48回封。这一天封板换手率13%，全天换手率13.87%。应

该说，这一天的"早晨一小时内"是这只股票真正给予市场高手的第一进场点。作为一只老股，此刻除了换手率略大，其余的相关指标都是中规中矩的。

例如，该股的远平线突破时间逾150天，垂直距离在突破口为25%升幅。而这一天唯一不足就是换手率偏大（13.87%），其实这种大换手已经在第二天得到了"纠偏"——次日（1月16日）的长阴6.4%跌幅以及换手11.24%就是对前一天错误的纠正。可惜，它使大多数人认为"风光不再"被赶了下车。

在这里，我们先就"超常规量"做一个分析：这里的大量的确吓住了人。

但我们应该记住：异常的细节，常常含有异常的结果。

一般情况下，这里超常规的量都会导致次日下跌，而这一次，该股却不跌反而"奔走向上"，这就是反常。股市不研究正常，它看的是反常。这就是逆向思考，也属于细微之处见功夫。

应该说，这只股票算得上"仁人宽厚"，1月16日和17日都给了第二次上车的良机。（我们在1月16日第一时间给出博文提示，如图1-19）

```
安然         2019/1/16 9:27:39

今日关注：（第三批）
（1）全柴动力（600218）通用设备
              拉出2板，振幅偏大，换手率大。
              需要有一个回撤的走势，或高开前底。
```

图1-19

虽然说该股有换手率偏大的失当，但缺口不补3天（双缺口）、新高不断的奔走型、远平线调整时间足够长，都更值得我们思考，它想要做什么？

前事不忘，后事之师，在我们考量不同个股时会有不同的侧重点。比如，我们在重视成交量合理放大的基础上，或许有的个股应该偏向一点题材的分量，也有的应该考虑长时间整理的因素。总的来说，就是要学会多元素共振的考量，而不是拘泥于一点，否则就会坐失良机。

全柴动力正式携量启动后，11天里股价近乎翻倍，这是余波，毋庸赘述。

本节案例之十：长城电工（600192），燃料电池，氢燃料题材。

2019年1月11日，本股长阳突破远平线和金撬棍线。

本股是一只流通盘4.42亿股的全流通股，前十大流通股东持股占比43.55%，流通市值在1月11日起涨时约为24亿元。

观察分析和参与这只个股的实盘操作，我们会产生一种与上述一些股票不一样的感悟。

实际上，并非"带量突破"的所有个股都会遵循"一板，二板，三板"的模式运行。或者可以这么说：更多的股票都会采取多样化的走势。只有成千上万种特点不同的走势，才能勾勒出一个充满诱惑力且万紫千红的股市春天。

我们不能说，长城电工1月11日7%的突破量不达标；我们也同样不能说，它在突破后回撤整固7天是什么错误。

千股千势，本股1月18日至1月23日，这4天里股价回到20天均线。实现了一次"60分钟图""牵起牛头"的特定起涨模式。一口气完成了25%升幅，也成为2019年1月份的短线靓股之一。（如图1–20）

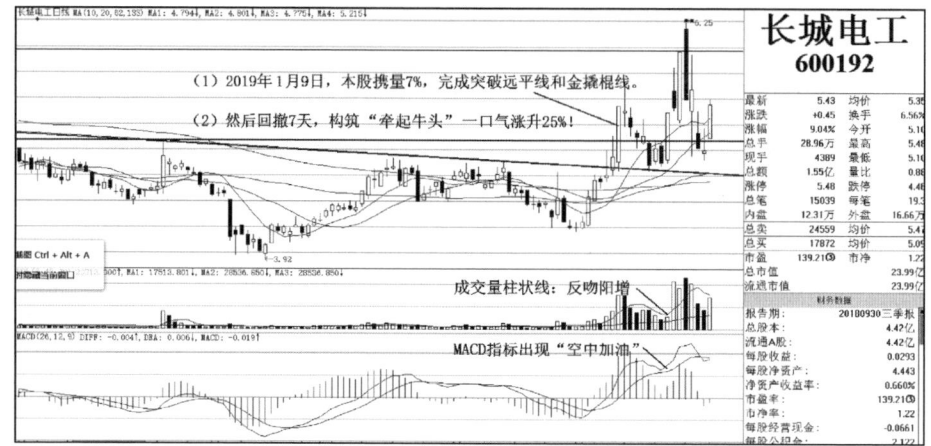

图 1-20

凡阅读过安阳《冲浪涨停板》一书的读者,一定还记得"反吻阳增"这种成交量的特殊形态吧?你也一定不会忘记"MACD"的"空中加油"吧?再加上日K线形态,整个一"回眸三顾"。打开"长城电工"日K线图去看,是否似曾相识?所以说,学习一定要温故知新。

关于这只股票带量突破后,"回撤不破长阳底"的战术技巧,我们会放在后面的"细节篇"揭秘。可以毫不夸张地说,这种"一招鲜"的技巧只要你肯钻研,读懂悟透,假定你股市投资10万元,一次出手,变成个"万元户"不是奢求。别瞧不起这一万元一个板的收成,只有你会念真经,你才敢为自己未来的100万元一次投在一只个股上而按下那个小小的买入确认键——脸不变色心不跳!

按照惯例,这只股票我们依旧在1月24日早晨9:39的盘中及时提示大家"立足低吸,今需补量"。(如图1-21)

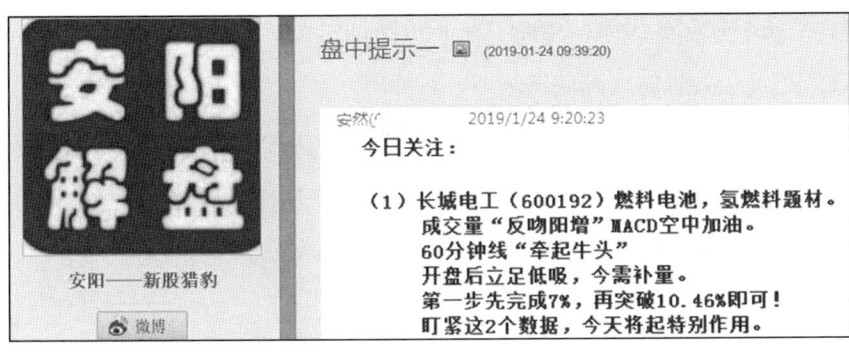

图 1-21

需要说明的是，我们认为，学习股票知识是需要学习一个完整的"知识体系"。而股票的操作并不是学会了知识就可以获胜的，还必须把知识通过实战中的反复买与卖的训练，逐步形成一个自己的"交易体系"才算是真正意义上学会了"炒股的理论知识"。

我们很多朋友看的书汗牛充栋，也听过许多大师讲各种理论，但就是开了盘，不知道买哪只股才对。这就是因为：自己的知识体系没有建立起来，脑子里没有应具备的"知识结构"；更重要的是由于根本就没有属于自己的"交易体系"——没有把知识转化为实战的能力。而这种转化过程的完成要通过大量的反复的买卖训练，总结成功与失败的经验教训才能实现。

为此，本书特别注意强调"学"和"用"的结合，并努力每一节都拿出来"学以致用"的案例。

当然，安阳所提示的股票并非每只都是正确无误的（那是神才能做到的事儿）。

但是，安阳敢于在时间的第一节点就亮出自己的观点，和你一道接受市场的验证和洗礼。（是不是需要一种承担和勇气？）

在阅读完这本书以后，你在认真分析了安阳博客提示的每只股票之后，你就会感受到，炒股第一是很难，需要懂得的知识太庞杂；但同时，你又

会觉得炒股其实又不难，只要你肯下功夫，用对了脑筋，它也无非就那些套路，变来变去忽悠人而已。

所以，如果大家能明白安阳此番良苦用心，才会懂得安阳不厌其烦强调博文提示的意义。其实就是要你懂得：知识学习和实战"训练"二者缺一不可，并且，这种有点"残酷"的训练会一直伴随你的投资生涯始终。

本节小结

通过以上我们对2019年1月份（春节前）十个案例侧重于"成交量"的解剖分析，尤其是侧重在个股涨停第一、二板的量能分析，我们应该知道，凡是强势股票，无一不是在启动之初必须以成交量先行，必须完成或实现不同的量能标准要求。

反之，凡是走势曲折多塞的个股，大多可以从成交量上找出破绽。

也就是说，上述诸多案例的基本点就为了反复突出一个要点："没有量就没有一切。"但同时又告诉你，也不能走向另一个极端，不能以为只要放出大量就一定可以赚大钱。

我们所强调的是：成交量对于首板涨停后的走势预判具有举足轻重的意义。至少目前，还找不出来一个可以取代成交量，并且可以站得住脚的元素撑得起个股股价翻倍的艳阳天。

是故，成交量是我们选择和介入某只股票的最重要和首要的参考依据。

成交量是行股人立于不败之地、值得终生信赖的护身符。

成交量是个股未来行高走远的根基，也是个股一路奋进，降妖伏魔的定海神针。

第三节 "涨停"后的未来高度，取决于前方"阻力"的大小

每一个市场参与者都感到炒股赚钱难，尤其是在市场没有上升的趋势性机会乃至低迷阴跌时，更是如此。例如 2018 年全年沪指从 3587 点跌到 2440 点，跌了 1147 点，整整跌了一年。市场单边下行，选股和操作都难度倍增。

我们说炒股难，主要还难在即使有个别股票逆势上涨，而在其涨升的路途中也充满了暗礁险滩。

前面的两节内容，我们研究的水平方向"远平线"带量突破，主要是想告诉大家，对一只长期筑底的个股，只有战胜和克服这一最强阻力，它才能够打开未来上涨的空间。

除了"远平线"，我们还反复提到"金撬棍"阻力线。所谓金撬棍指的是"中长期下降趋势压力线"。因为这条压力线本质上反映的是积弱难返的单边阶段，因股价一直持续下跌，中途所有不成功的抄底者全线被套，即所谓"历次冲击金撬棍的单根放量 K 线，都是盲目投资人献给压顶趋势线的祭礼"。人们莫不悲哀痛楚，即便有反弹也很难持续。直到某一天（通常需要 100 天或更长时间）这种筑底结束，一个带量的涨停板挺立在这条斜边压力线的上方。常言道：底部有黄金。我们把这一条"中长期趋势压力线"视作一根"杠杆"（也叫撬棍），只要股价有效立于其上，就会产生一段超级利润，如同被撬出来一块块"金砖"，故而谓之"金撬棍"。

对于个股不确定的各种阻力，从短线操作角度看，除了我们重点说到的以上 2 种阻力外，市场还有下列 4 种压制股价的潜在阻力，需要我们来认识和研究。

（1）前方密集成交区对当今股价构成强阻力。这种阻力常常为我们所忽视。例如"国电南自""华正新材"等股。凡是先拉一个涨停板，次日就退回涨停板实体内整理（常常做上升三法形态），停几天又起来创新高者，不少都属于这种类型（不再举证）。

（2）股价涨升至 30% 时候，短线获利盘抛压的阻力。这是一个最令人困惑不解的问题：为什么同样是涨停，甚至我选的股比他选的量还大，形态还漂亮，为何次日不涨反跌？如 2019 年 1 月的"东方铁塔"等。

（3）均价线分散，半年的 133 日均线或者 62 日季线在上方压顶。常发生在一波急跌之后，均线来不及修复，就容易遭遇这种较强的阻力。其本质反映的是市场持仓成本不一致。

这种情形在 2019 年 1 月的一些个股身上，表现为有时被主力所利用，压制股价后再度长阳反包。比如宏达股份和新宏泰等。

（4）远山与近山的阻力，都是指前方的股价之"顶"构成对今日上涨的强阻力。其对策最重要的是记住：不做近山阻力，因为两"头"离得越近，其解套盘对股价构成的反作用力越大。如"金新农"和"汉缆股份"。

下面，我们选出 7 只有代表性的，做显浅分析。

本节案例之一：国电南自（600268），特高压题材。

本股 2019 年 1 月 3 日携日换手率 4.73%，攻到了远平线上方，并且快速拉升逾 40%。仔细辨析其走势，不难发现：在 2018 年 12 月 26 日就已经站上半年线了，但随后上下其线 3 天，才正式向上突击。

关于本股，我们于 1 月 3 日、4 日均做内部提示，读者可看安阳博文 1 月 5 日《周末复盘》所展示的短线交割截屏图。（如图 1–22、图 1–23）

图 1–22

成交日期	∇成交时间	证券代码	证券名称	买卖标志	委托价格	委托数量	委托编号	成交价格	成交数量	成交金额
20190103	14:17:32	600268	国电南自	证券买入	4.550	20000	26084	4.500	20000	90000.000
20190104	09:36:43	600268	国电南自	证券买入	4.730	10000	5238	4.710	7400	34854.000
20190104	09:36:43	600268	国电南自	证券买入	4.730	10000	5238	4.720	2600	12272.000
20190104	09:43:15	600268	国电南自	证券买入	4.790	10000	7113	4.790	10000	47900.000
20190104	10:04:11	600268	国电南自	证券卖出	4.960	5000	12111	4.960	1100	5456.000
20190104	10:04:11	600268	国电南自	证券卖出	4.960	5000	12111	4.960	3900	19344.000
20190104	10:09:31	600268	国电南自	证券卖出	4.900	5000	14232	4.910	200	982.000
20190104	10:09:31	600268	国电南自	证券卖出	4.900	5000	14232	4.910	500	2455.000
20190104	10:09:31	600268	国电南自	证券卖出	4.900	5000	14232	4.910	100	491.000
20190104	10:09:31	600268	国电南自	证券卖出	4.900	5000	14232	4.910	100	491.000
20190104	10:09:31	600268	国电南自	证券卖出	4.900	5000	14232	4.910	100	491.000
20190104	10:09:31	600268	国电南自	证券卖出	4.900	5000	14232	4.910	1000	4910.000
20190104	10:09:31	600268	国电南自	证券卖出	4.900	5000	14232	4.910	2000	9820.000
20190104	10:09:31	600268	国电南自	证券卖出	4.900	5000	14232	4.910	1000	4910.000
20190104	10:09:44	600268	国电南自	证券卖出	4.900	5000	14260	4.900	5000	24500.000
20190104	10:10:01	600268	国电南自	证券卖出	4.900	5000	14304	4.900	600	2940.000
20190104	10:10:01	600268	国电南自	证券卖出	4.900	5000	14304	4.900	100	490.000
20190104	10:10:01	600268	国电南自	证券卖出	4.900	5000	14304	4.900	300	1470.000
20190104	10:10:01	600268	国电南自	证券卖出	4.900	5000	14304	4.900	1100	5390.000
20190104	10:10:01	600268	国电南自	证券卖出	4.900	5000	14304	4.900	800	3920.000
20190104	10:10:01	600268	国电南自	证券卖出	4.900	5000	14304	4.900	2100	10290.000

图 1–23

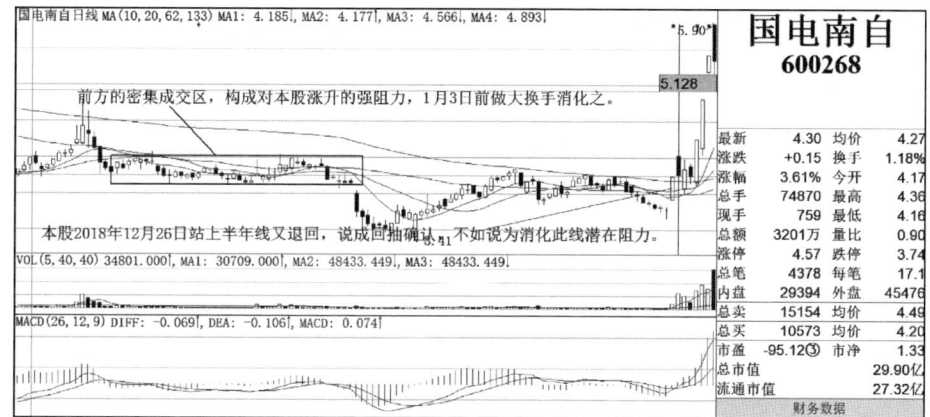

有人问,"国电南自"为什么可以在1月3日买入呢?

我们从本股克服阻力的角度做剖析后,首先对所选择的强势品种要做"趋势位置"的确认,这是第一步。

我们看到本股虽然面临半年线和前方成交密集区的双重阻力,但我们还发现经过3天成交量的放大对阻力做的消化整固,业已初步到位(当前的成交量柱状线密集并高于前方成交密集区的量柱),且再次站上133日线,那么1月3日的启动就是最佳的买入点位。

一般说来,股价克复前高的时候,我们应把精力集中在"首次创高突破"的节点。之所以看重"首次突破",是因为它具有质的改变可能。若一只股反反复复不断上冲回落,那我们对其后市往往难以做出准确判断。当反复多次出现,也难免会让人产生盘中摇摆,更难确定其对后市技术概率的影响力。

除了上述对个股趋势位置了然于心,及时在首次突破时做出决断及时介入之外,另一个重要的细节就是对已有涨幅要预先做到"心里有数",这就说到下一个话题了。

本节案例之二:东方铁塔(002545),特高压题材,新基建概念。

本股2019年1月3日,一条长阳拔起,虽然是一个尾盘回封板,但日换手率4.60%;且在4条主要均线聚合处下,是一只应该引起重视的个股(1月4日,9:42博客做出中肯提示,说它短期均线不流畅,但位置尚可,还会打出空间)。本股当日完成8%升幅回落。如果买进,第三天也可平安离场。(如图1-24)

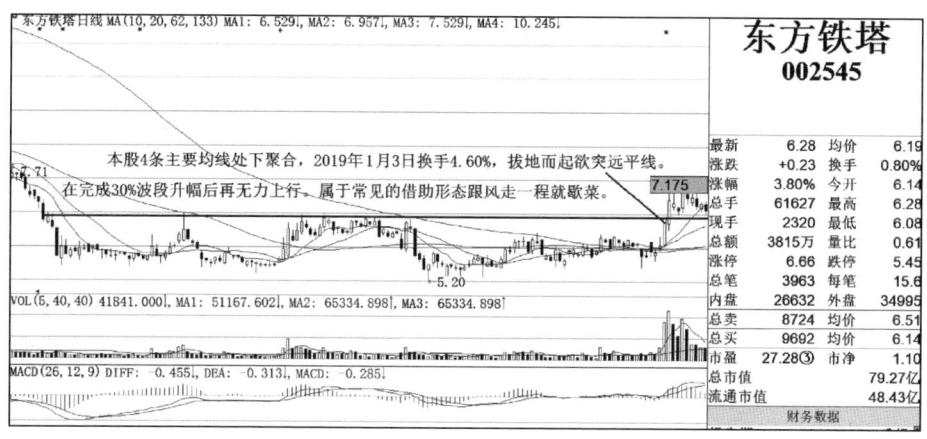

图 1-24

再往后,该股就在原地徘徊,再无长进。论起来前方压力并不算大,2018年9月份较小的密集成交区域,而今的大量完全可以战胜。毛病究竟出在哪里?简单说,就是介入的资金实力不足,只能小打小闹——也就30%的波段升幅。这其实是一种常态:主力资金借助题材和形态,跟风只肯走一个短程,30%完成就歇菜。遇上这种短视票,当我们第二天发现它不能快速封板,就要另做打算。

短线高手必须具备与别人不一样的一双鹰隼眼睛。看清楚"东方铁塔"再高,你把燕雀放上去,它也会坠落,你未必能激发它产生"鸿鹄之志"。

本节案例之三:航天科技(000901),创投、航天军工概念

本股题材不少,却让我们提不起神儿。

本股2019年1月3日半小时内封住涨停板,然后开板做量并回封。首日板换手率6.18%,蛮好。

次日开盘快速拉升,封住二板——一副王者气势。只是日换手率12.3%,不小心透出一点纰漏。第3天,冲高回落,换手率13.49%,止步

于涨幅的30%，等于宣告："演出到此结束！"（如图1-25）

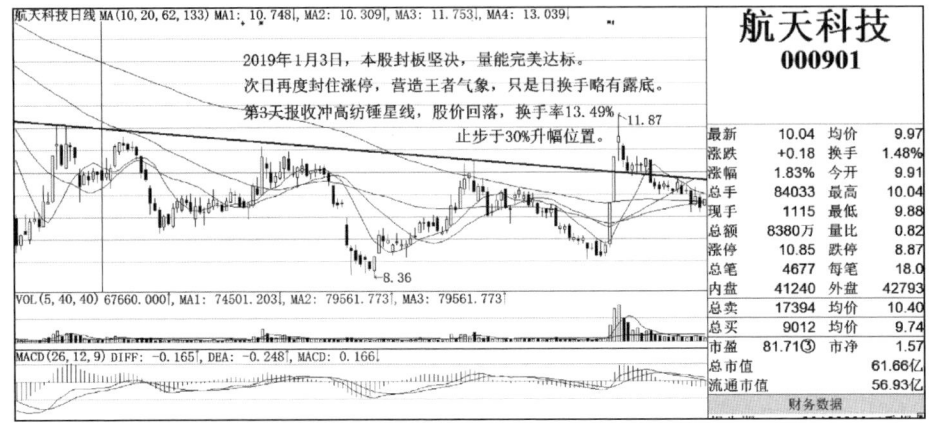

图1-25

我们不要嫌它提不起精神，要记住，这正是股市的一种常态。

有一种阻力叫作"无形"，这就是个股的主导资金在暗中作祟。常常是囿于资金不足，便借助时间帮助把形态造好，然后伺机凭借所谓题材拉上二板。遇上这种个股，最忌想当然，须知在股票强势"光鲜"表象背后，掩藏着许多我们永远看不到的肮脏东西。所以，避免撞上枪口最安全的做法，就是只要它波段涨幅到30%趋弱就先退出来。另一方面，在买入一只股票前，一定要先测试其升幅，不去介入升幅已悄然超过30%的涨停板。其实，在第一节里，讨论突破垂直距离判据时，我们已经说过限定的数值，只是在实战中常常会忘记。

下面，我们继续讨论压制股价潜在阻力的第3种类型——大均线压顶（主要指133日半年线或季线）。

其实，说到"大线压顶"，主旨是要求我们脑子里要树立"反压线"的概念。

本节案例之四：宏达股份（600331），磷化工题材。（如图1-26）

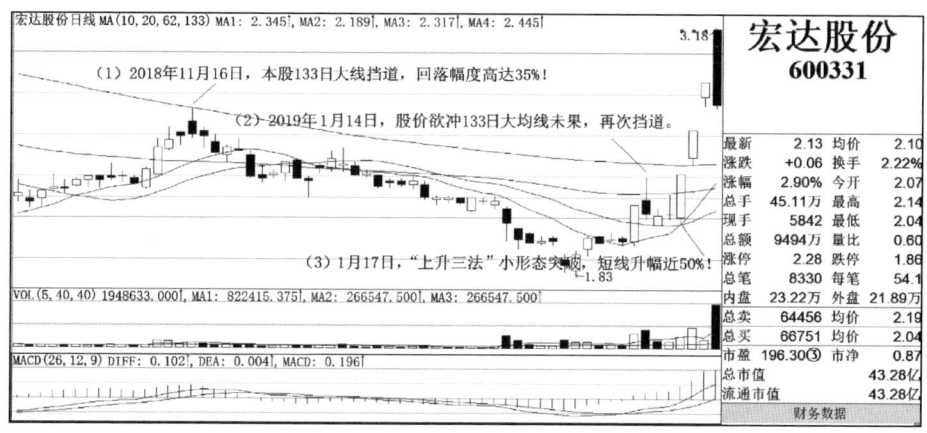

图1-26

2018年11月16日，本股攻击2.74元未果，回落跌幅近35%。这应该说是一个明显的例子，大级别的133日均线挡住了去路。

2019年1月11日，本股股价在出现新低后，MACD底背离，拉出涨停板，再次创造短线机会。

1月14日，欲冲133日均线未果，回落10日生命线。在这里，走出了一组"小金角起涨""上升三法"小形态突破的反包成功，快速上涨约50%升幅。

此案例告诉我们什么道理？

（1）涨停板的次日，如果出现冲高回落的上影线中阴，通常都是要回落生命线的前兆；

（2）大均线压顶，是涨停首板之后经常碰上的潜在强阻力，要提前做好处置预案。

本节案例之五：新宏泰（603016），特高压题材，新基建概念。

这是一只典型的受 133 日大均线阻压，回落至 10 日生命线，嗣后反包成功的个股。（如图 1-27）

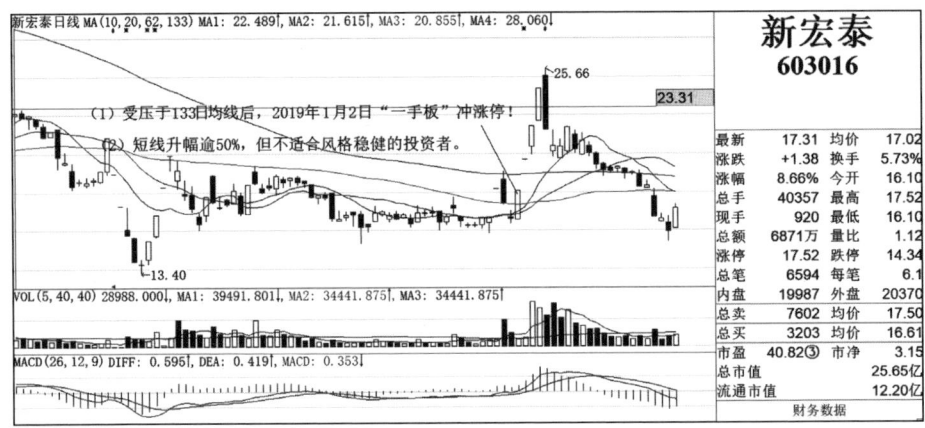

图 1-27

2018 年 12 月 27 日，在前一天无量一字涨停板后，高开放量 13.60%，长阴回落。

十字星企稳后，2019 年 1 月 2 日开盘，"一手板"封死涨停（换手率 3.66%）反包成功。

此股虽说威猛异常，却须看到它并非善茬儿，原则上不给你买进的机会。

对于这种股票应保持自己的心态平稳，秉持一种"止于欣赏，无须拥有"的态度，似乎更适合稳健的中小投资者。也就是说，有些机会不是自己的菜，要学会放弃。

涨停板之后，压制股价的第 4 种阻力类型是"远山"与"近山"的羁绊阻力。

所谓"远山"是指距离目前股价稍远的"前顶"像是一座山包耸立，阻碍股价向上拓展空间，由于距离远，如果是一个尖顶，相对比较容易突破（平台构成密集成交区）。

"近山"是指距离目前股价时间很短的尖顶阻力区，如果"山包"再高一些（指升幅高）阻力作用就更明显。

本节案例之六：金新农（002548），农副产品，猪肉相关题材。（如图1-28）

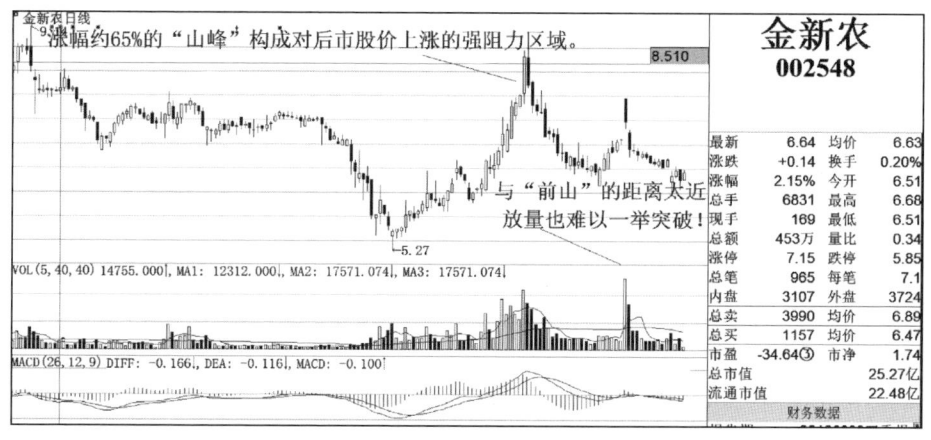

图 1-28

本股 2019 年 1 月 14 日高开，长阴回落。

当天的成交量虽然高于前锋量，但是两山头距离太近。

不要奢求一举突破，坚决放弃！

有一句口诀要记住："前面有山要离远，见面无山是首选。"说的就是这种情形。

本节案例之七：汉缆股份（002498），特高压题材。（如图 1-29）

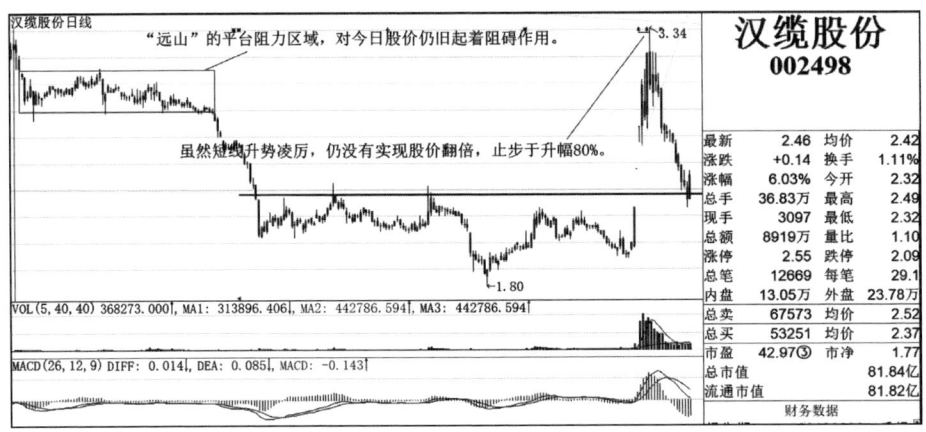

图 1-29

本股流通盘 33.26 亿股（全流通），流通市值在 1 月 4 日启动时约为 70 亿元。

应该说本股属于大盘股范畴。但其前十大流通股东持股占比 71.60%，实际流通约 10 亿股。

1 月 4 日，本股跟随特高压板块闻风而动，首日一小时内秒封板，换手率 1.08%，不达标。

第二天，一字板，仍旧无量。1 月 8 日开板后，放出 4.85% 的启动量，回封"T"字星线。

1 月 9 日，本股开盘后快速冲高，振幅 15%。随后 4 天内盈利空间在 20%，应该说，是一个不错的有参与价值的短线良品。（我们的提示和短线交割单，如图 1-30）

```
安然(****)  2019/1/9 9:25:42

盘中友情提示之二（仅供参考）

（1）汉缆股份（002498）特高压，新基建
缩量一字板后，增量明开板第三板，
今日必须高开，前底年线附近挂单等候。
```

附汉缆股份部分交割截图：

时间	代码	名称	买卖	数量	价格	金额
20190108	002498	汉缆股份	买	10000	2.750	27500.0
20190108	002498	汉缆股份	买	10000	2.700	27000.0
20190108	002498	汉缆股份	买	10000	2.720	27200.0
20190108	002498	汉缆股份	买	10000	2.720	27200.0
20190108	002498	汉缆股份	买	10000	2.730	27300.0
10:46:49	002498	汉缆股份	卖	1167	2.970	3465.990
10:46:49	002498	汉缆股份	卖	1400	2.980	4172.000
10:46:49	002498	汉缆股份	卖	2433	2.970	7226.010
10:46:37	002498	汉缆股份	卖	5000	2.980	14900.000
10:45:23	002498	汉缆股份	卖	4565	3.020	13786.300
10:45:23	002498	汉缆股份	卖	435	3.020	1313.700
10:45:21	002498	汉缆股份	卖	2600	3.010	7826.000
10:45:21	002498	汉缆股份	卖	100	3.010	301.000
10:45:21	002498	汉缆股份	卖	1000	3.010	3010.000
10:45:21	002498	汉缆股份	卖	800	3.010	2408.000
10:45:21	002498	汉缆股份	卖	500	3.010	1505.000
10:41:46	002498	汉缆股份	卖	5000	2.960	14800.000
10:15:53	002498	汉缆股份	买	5000	2.820	14100.000
09:57:07	002498	汉缆股份	卖	3300	2.900	9570.000
09:57:07	002498	汉缆股份	卖	1700	2.900	4930.000
09:54:21	002498	汉缆股份	卖	2700	2.880	7776.000
09:54:21	002498	汉缆股份	卖	400	2.880	1152.000
09:54:21	002498	汉缆股份	卖	1900	2.880	5472.000

图 1-30

问题在于，这样的一只个股为什么不能完成股价翻倍的初衷，止步于 80% 升幅而黯然神伤？

正所谓"出师未捷身先死，长使英雄泪满襟"，本股正由于"远山"成交密集区仍为"心腹之患"，尽管其短线涨势凌厉，却也无奈"硬伤"暗中作祟，最终还是限制了上涨的空间。

结论：强势个股未来涨升的力度和空间，多受制于阻力的或明或暗的

阻挠和使坏。

阻力的存在、辨识和克服,是涨停板通关金钥匙研究的主旨和实战操作的重心所在。

本节小结

个股在首板启动之后,假如它正好处于一个启动主升浪的位置并且有题材配合,那么未来上涨的高度,除了成交量的作用之外,其前方的阻力区将是决定这只股涨升高度和未来走向的重要因素。

本节所罗列的若干阻力因素,是我们目前指数所处位置所常见和个股随时会遇到的。

其中如大均线阻力、成交密集区阻力,常常为我们所忽视。

在本书中,我们把它列为"打开涨停板大门"的金钥匙"主旨"之一。

但愿,这种解读能够给你某种启迪,让你随时看到高悬在上的"达摩克利斯"锋刃的寒光,并帮助你在之后股市酣战中,多一分胜算,少一分流血,安阳便深感欣慰。

第四节 "涨停"后是否回杀，要看下方的"支撑"力度

上一节，我们从涨停板个股"阻力"的几个侧面分析了涨停后能不能持续上涨所面临的压力问题。

其实，每天至少有80%的涨停板，由于这样那样的原因克服不了阻力，又很快就跌了下来。往好处去说，在筑底的趋势位置，还可把这类涨停看成是"吸筹"涨停板，吸完货自然要回撤。但我们也时常可见着涨停后"闪崩"跌得面目全非创新低的股票。

什么样的股票，会死守"启动涨停"K线的底？什么样的股票会去创新低？

这就说到涨停板操作的另一个重要问题：关于寻找支撑。

毫不夸张地说一句：如果你能看得懂、看得对、看得准你所选的那只股票今日涨停，它的支撑点（或区域）在哪里，你的选股功夫已然了得，你就已经做对了一大半。

是不是有点夸张？非也！

因为你看透了真正的支撑，那就意味着你看清了铁底。买进就对了！你这还不是做对了一大半吗？行股难就难在买对，买对才能卖对。

其实，说到"支撑"的话题，首先面临的问题是："什么是支撑？"

回答真正意义上的"支撑"这个问题，似乎天经地义的答案是：依公司的基本面做出的所谓估值。即大家都认可的股价兜底支撑是公司基本面

的业绩,甚至说基本面是本,基本面乃根基所在,也不为错。

但是,在此我们要做的是,开盘后,我们动手买哪只?即从实际操作的角度看,我们需要把"支撑"限定个范围,即我们现在要做的只是:探求"底部启动涨停板操作"的技术层面的"支撑点"在哪儿?

这样,我们就会觉得贴近了一些市场,不至于洋洋洒洒说半天,开盘还是找不着支撑的"抓手"。

我认为,盘口强势涨停股的支撑,应该是指股价假定由涨转而回撤,跌到某个价位或区域所能形成的必然反抗区间,是缓口气再度起涨的节点,这里就叫支撑。

从涨停板实战角度,我们来讨论如下6种最强支撑现象。

最强第一支撑:是指多均线聚合的支撑。通常表现为主要的4条均价线密集一处,代表的是多周期的市场平均成本一致,以及市场的分歧越来越小。表现为4均线之间距离小于10%幅度。

这种情况下,一旦股价选择向上,无论远、中、近期持有者都赚钱,必然坚定持股信心。与此同时,我们不仅要求4线聚合,还要求10日均线上穿20日均线,构成金叉角;且大级别的60日线以及133日线上倾或至少趋平。这样的均线组合,才是我们要选择和介入的涨停板股板个股的最佳支撑状态。

经典案例:风范股份(601700),创投题材,特高压第一股,新基建龙头。

本股流通盘11.33亿股(全流通),前十大流通股东持股占比58.85%,

启动涨停日流通市值约为 30 亿元。（如图 1-31）

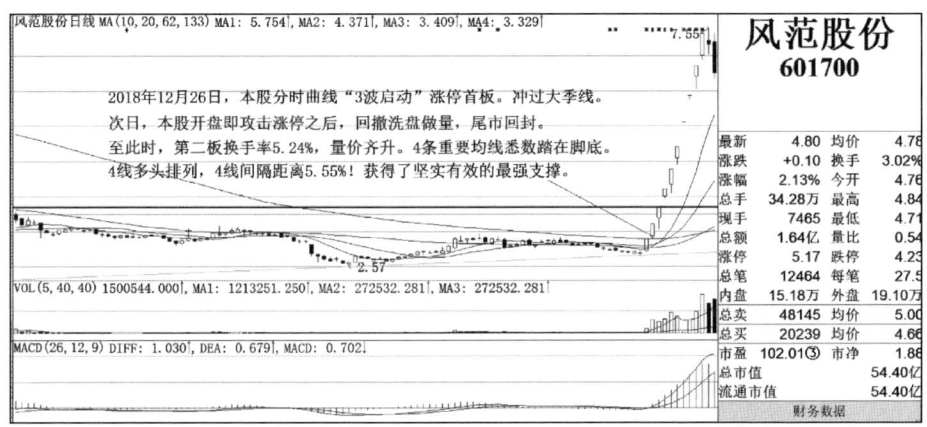

图 1-31

2018 年 12 月 26 日，本股分时曲线 3 波快速启动，秒封早封，干净利索冲过季线。

次日，开盘再攻涨停后，回撤围绕均价线洗盘做换手。尾盘回封，日换手率放大到 5.24%，量价齐升，换手板推升，前景光明。

至此，本股小级别的 10 日线、20 日线和大级别的 62 日线、133 日线 4 条最主要均价线悉数被踏在脚下，并呈现多头排列，4 线间距仅为 5.55%，构成对本股的最强势有效支撑。

从此，本股揭开了 10 个交易日 "连拉 10 板" 涨幅逾 160% 的辉煌一页，也成就了其自身作为中国股市即将迎来新的春天第一牛股的 "风范" 地位。

从风范股份开始，一个低迷了 3 年、"万马齐喑" 局面的 A 股市场，被宣告终结。

最强第二支撑：向上跳空的"战略缺口"支撑。缺口是指股价的断层。在突破口处的缺口，具有极强的支撑股价的作用。

在某种意义上，可以这么说：启动涨停板总是与缺口"相伴相生"的。

但这个时候，对缺口有几点特别的要求：

（1）与涨停板相伴而生的缺口，要跳得高，距离越大，力度越强。

（2）缺口出现之后，3天内不被回补，这才能算得上是"强支撑"的缺口。

（3）上跳的缺口，必须相伴放大的成交量。只有超越前一天量能的缺口，才不会被回补（缺口一旦回补，就失掉了强势意义）。

通常，我们把第一个带量不回补的缺口，看成是战略性缺口。战略性缺口对未来股价构成最强支撑。

我们每天都面临大量的缺口，这中间有真有假，鱼龙混杂。

对于真正的具有突破性战略缺口个股的操作，是一个硬功夫，难度较大。

下面试分析"新疆交建"的缺口支撑作用。

经典案例：新疆交建（002941），近端次新股叠加轨道交通题材。

该股上市后，有一个连续18天相对窄幅的横盘过程。

这期间，股价出现过2次涨停，具备基因板强势特征。

2019年1月4日，该股开盘后，一小时内再次封住涨停。全天换手率42.92%，此量符合次新股封板要求。

我们主要看1月7日：早晨跳空高开逾6%，快速封板，随后两只眼睛一眨（黄金眼开板）以换手率29.36%回封成功。（如图1-32）

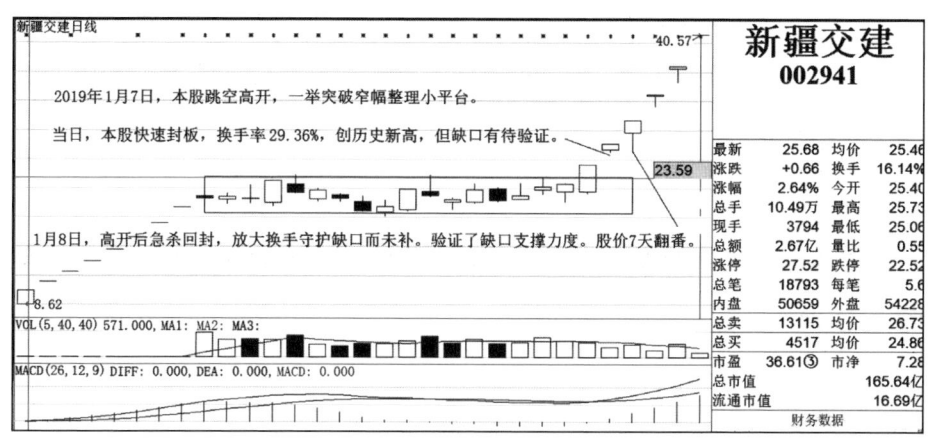

图 1-32

这是一只跳空够幅度、量能也达标、恰好在突破口位置的创历史新高股票。

但是,这里的跳空缺口还需要一个检验,还要看次日这个缺口的支撑强度。

2019 年 1 月 8 日,新疆交建高开后,急刹一把前收盘价,然后快速拉升封涨停。这只股票凭借这里的跳空缺口的坚强支撑,7 天内股价翻倍。成为 2019 年 1 月的又一只明星股。

最强第三支撑:特殊重要的 0 号线和 10 天生命线构成的支撑。

0 号线是指总持仓成本均价线。这是一条"寻常看不见,偶尔露峥嵘"的重要均线。它和别的均线有所不同,股票只要一上市,它就相伴而来,特别是对于新股和次新股操作,有着不可或缺的重要作用。历史上曾经不可一世的次新股"贵州燃气""万兴科技""宏川智慧"无一不是在"0 号线"支撑下,揭竿而起,长驱直入的。

我们可以这么说，如果把"第一支撑"看作"密集的多均线的共振支撑"，那么在这里我们把"第三种支撑"理解为"特殊均线构成的重要支撑"未尝不可。

经典案例：贝通信（603220），近端次新股叠加 5G 龙头。（如图 1-33）

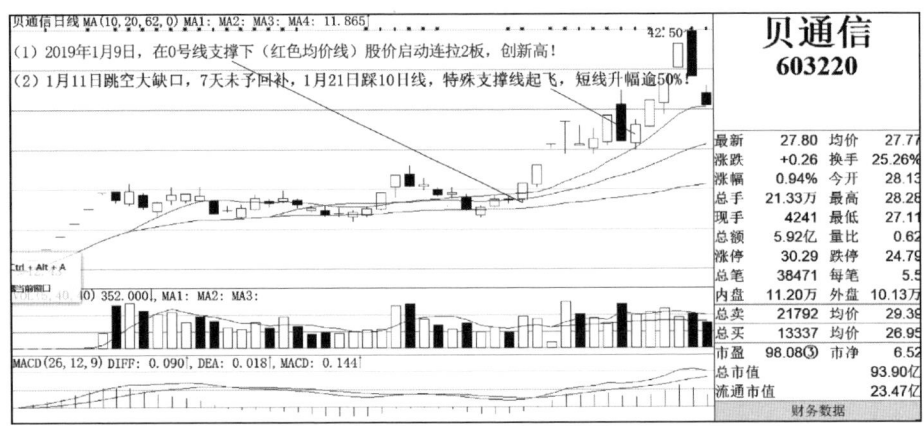

图 1-33

2019 年 1 月 9 日，该股在"0 号线"支撑下（箭头所指的红色均线）连拉二板，突破前顶，创历史新高并启动主升浪。

1 月 11 日，该股以涨停价格，跳空开盘，留下一个 10% 空间距离的大缺口。

可惜的是，求胜心切，日成交量仅 8.83%，对一只次新股来说，这是不及格的承接力，预示着其后市必将有一段泥泞小路要踩过去。果然，接下来的 5 天，股价起伏上下，曲折婉转。特别是 1 月 18 日，该股悍然走出一条跌停板长阴，人们无不闻风丧胆，逃之夭夭。

这时，我们不应该忘记了还有一位身份特殊的股价支撑使者。

它就是10日线。请记住，10日线永远是短线高手两眼不敢须臾离开的重要支撑线。它是短线操作主力的生死存亡线。它的角度、它的守弃、股价是"向上穿越它""远离它"还是"向下击穿它""踩踏它"都有非同一般的含义。

在这里，1月21日，贝通信脚踩上倾的10日线起飞，连拉3板，总涨幅超过50%——足以让前几天中途下车的人，悔青至少50厘米的肠子。

概括起来说，本股走势特别是运用特殊均价线支撑之启动和洗盘，玩得炉火纯青。

（1）0号线的"胆"——1月9日，结束小横盘，踩0号线启动行情，底气十足。

（2）高跳的"口"——1月11日，涨停价开盘，留下一个大缺口。

（3）高耸的"量"——跳空容易，做大量难。本股1月14日在缺口上方以66.43%换手率，拒绝回补。

（4）横住的"盘"——在此处指的是，在缺口上方"横盘持续"。

（5）不高的"价"——相对来说，该股在这里的涨幅距上市最低价只有40%升幅。

（6）特殊的"撑"——既然不补缺口，那么，股价回到斜率不变的10日生命线就是最强支撑位的买点。

我们知道，这只股在2019年1月折磨过很多投资朋友。

其实，对于一只强势个股的走势，我们预先的思考必须缜密周全——走完这一步，下一步将会如何？

针对不同走势的个股，其实真正正确的买入与卖出，都是按照已计划好的"预案"挂买单和卖单。这就像为了迎接躁动在母腹即将出生的宝宝，你必须预先做好一切迎接他到来的准备；你必须对他的脾性了解得透彻，对他有一种发自骨髓里的爱。如此，你才能与他相会、相拥、相知，对他降临的第一声啼哭不感到意外，而唯有欣喜。

最强第四支撑：在成交量放大，股价创新高后，回撤"远平线"（前期大顶）构成的支撑。

关于这种支撑形态的案例，可谓屡见不鲜，往往在突破口回撤、获得支撑的个股都具此特征。此时都还会有其他比如"缺口"10日线等多因素的共振作用。

譬如前面成交量突破曾经说过的"华正新材"，2019年1月21日再次向上拓展空间，就属于一个用"大缺口"向上突破远平线后，回撤远平线获得支撑的典型。

经典案例：华正新材（603186），5G、锂电池覆铜板题材。（如图1-34）

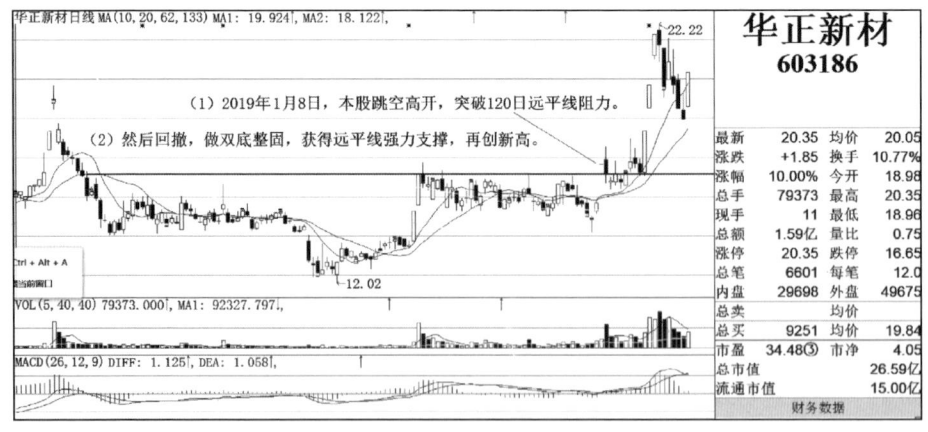

图 1-34

本股同时还包括了缺口以及生命线的强势支撑元素，大体上是一个在突破口做一个"双底整固"就又去创新高了。

最强第五支撑：股价的前底和第三重底构成的支撑。

在关于支撑的课题研究中，这是一种最常见的属于传统常识性支撑的认识范畴，人所共知。

当股价第二次回撤到前一次构成的底部时，会有可能形成一个"W"底（双底），也即第二个底的位置有一定强度的支撑。

这一点毋庸赘述，也可试举一例佐证。

经典案例：东方证券（600958），券商类题材。（如图1-35）

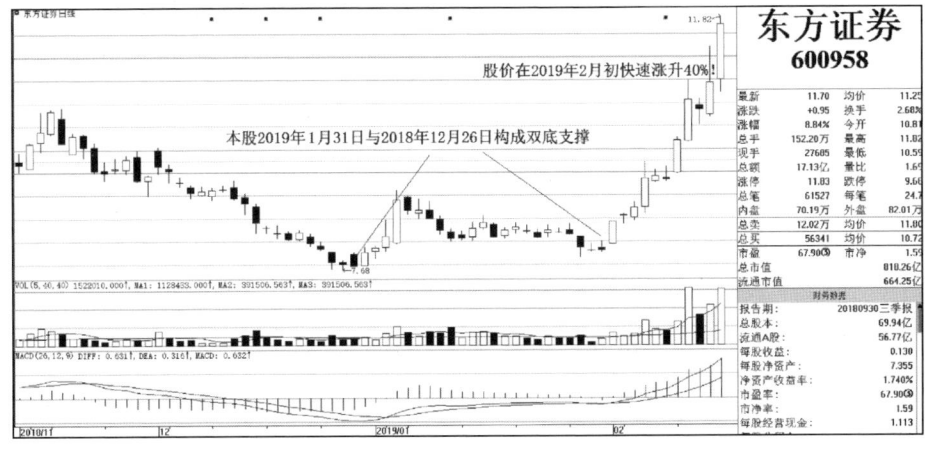

图1-35

从图中可知，本股的大形态一直处在筑底过程中。

依图可见其2018年12月27日回探，构成一底，向上反弹；遇半年线压制股价；于 2019 年 1 月 30 日再次回探，应视为"二次回探"前期的最低点，此价位会对股价形成一个较强的支撑。

我们看到，本股从 2 月 1 日开始，短期内涨升 40%，盖因二次底的强大支撑力度。

这种支撑底虽然没有太多的研究探索价值，但其在"支撑"的讨论中，仍应有一席之地。

二次底，需要注意的关键点是：

（1）第二次底，应该是"缩量底"只有缩量，才可信；如果放量，则很容易被击穿。

（2）二次底如果被击穿，就有形成"头肩底"的可能。

（3）也有另一种情况常见，就是二次底之后，再下来一次构筑"三重底"，三次底犹可信。四底一般被击穿破位，则是大概率事件。

最强第六支撑：心理预期构成市场参与者强大的心理支撑力。

这是一种无形的支撑，是由市场参与者的心理预期派生出来的。这种支撑你看不见也摸不到，一旦产生，可以对股价产生海啸般的震撼和冲击力——摧枯拉朽，所向披靡。这就是宏观新政带来的市场疯狂效果。

2013 年 8 月上海自贸区设立，2017 年 4 月雄安新区设立，甚至某领导关于市场发展的一篇讲话，或者是减免印花税政策的出台等等，都会给市场带来意想不到的巨大影响。表现在股价上，就是那些被市场主导资金选中的个股直接拉一个或一串儿涨停板，把股价抬到天上去。

这个时候，上方的任何阻力都形同虚设，底下的"支撑"产生于无形。

股价开盘便直接打无量一字板：你别问我从哪里来，也别管我到哪里去，万分之一"赢率"的开盘顶死一字板，现在变得威风八面。如果此时此刻你依旧按常规思维,至少能被甩到18条街之外。近期代表性和具有实战参考价值的案例,试举如下两只股票。(如图1-36、图1-37)

经典案例:鲁信创投(600783),创投题材龙头一号。

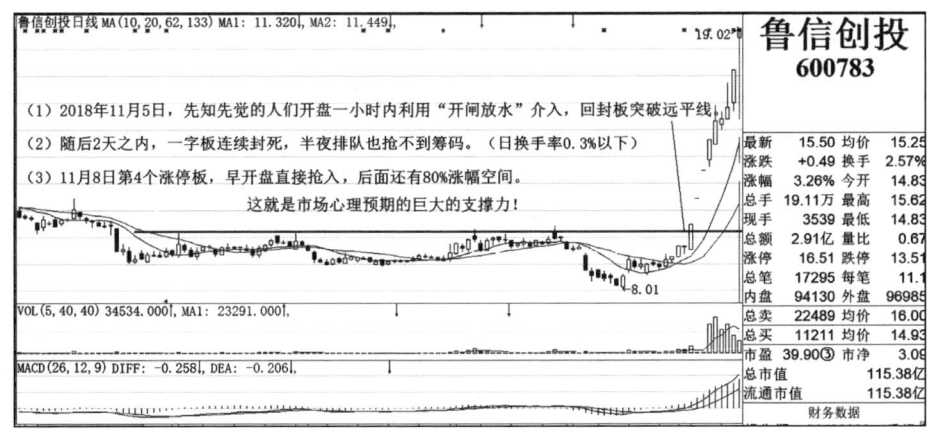

图 1-36

本股流通盘7.44亿股(全流通),前十大流通股东持仓占比71.32%。

上海证券交易所设立注册制科创板试点的消息传来,该股闻风而动。2018年11月5日,开盘急冲涨停,不明就里地抛盘"开闸放水"一小时后,再次回封。(11月6日,博客即做提示)随后2天一字板封死涨停,任凭你挂单也是白费,全天换手率0.2%或0.3%,主力资金决心打开你的持仓成本价格。直到11月8日,才算打开涨停(已经是第4个板了),这天的换手率为8.91%。如果你在开盘就杀进去,后面还有80%的涨幅空间。这个时候,你如果问:支撑在哪里? 10日线能支撑住股价吗?笑话了不是!我告诉你:"支撑"就在那些唯恐此刻抢不到筹码的人那双焦灼的眼神里。这就是市场心理预期的强大支撑作用。

经典案例：华控赛格（000068），污水处理，科创板题材急先锋。

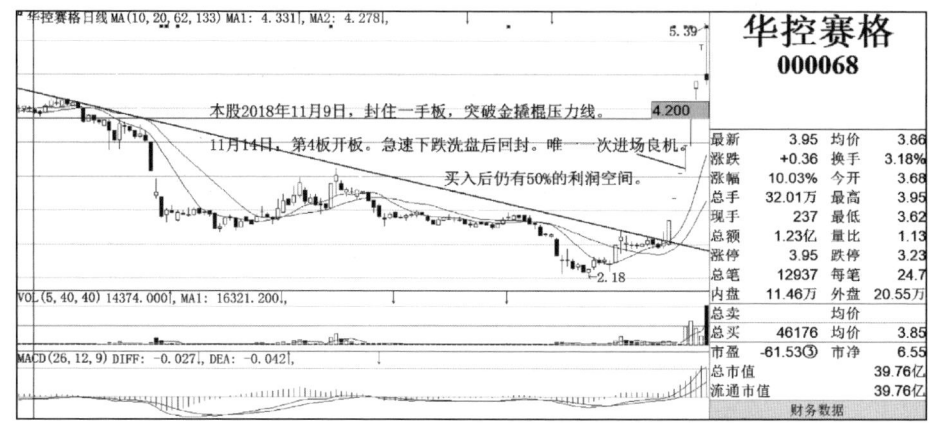

图 1-37

本股流通盘 10.07 亿股（全流通），前十大流通股东持仓占比 52.78%。本股 2018 年 11 月 9 日才姗姗来迟，封住了"一手板"。

真的是"无独有偶"，它与鲁信创投就像是一个模子里刻出来的。紧接连续 2 个无量一字涨停，含义很清楚：谁也别想进。（这时候不要担心它会打开，会去寻找支撑——支撑在后面排队等候买入的投资者的钱包里。）

11 月 14 日第 4 个板开板，然后快速急跌，杀到前一天的收盘价。所谓"踏雪无痕"是也。这是本股唯一的一次进场机会，但实际买进的人不很多。买进的人被视为"博傻"，不敢"博傻"的人，只能眼睁睁看着博傻者 5 天博到手 50% 的利润。这实际是市场的无形之手颁发给有心理支撑而买入者的一份金奖。

这就是市场的心理预期，对板块、对龙头个股所产生的令人震撼的巨大支撑效果。

本节小结

在本书第一章"主旨篇",笔者将"阻力"和"支撑"作为一对矛盾,并列呈献给大家,并且在本节的"支撑论述"里,从6个方面做了解读。这6个方面是:

(1)多均线聚合,多极成本共振的支撑。

(2)带量的战略缺口对突破后股价的支撑。

(3)特殊重要均线:0号线与10日线产生的强支撑。

(4)突破远平线,回撤前顶所产生的支撑。

(5)关于双底形态构成的支撑。

(6)市场心理预期所产生的震撼支撑力。

运用比较有代表性的经典新案例,给大家做了扎扎实实的分析解剖。

安阳相信,凡用心(对照自己的电脑逐日K线图)仔细阅读到此的朋友,应该从前4节读出来一些滋味了。比如说,下一次再遇到类似"雄安"这种级别的大题材,你如何直面一字板?比如说,你看见一个突破远平线的带大量缺口不补,你应该盯住什么看?

安阳相信,这种学习或许有些枯燥无味,但如果你钻进去了,本书所给与你的营养也会使你感到滋润。股市的事业,本质上说,就是一种孤独者的追求。说句心里话,耳畔不时传来"春晚"的阵阵欢声笑语,锣鼓铿锵;我独坐斗室,奋笔于充满凶险的涨停板探索领域——是不是也很苦?我独以为苦中有乐!我在一个未知的领域里,始终不悔地探求它的内在规律。这就是此时安阳的内心支撑,也强大得很哪!

第五节 "题材"是热点板块炒作必戴的面罩和不可或缺的由头

做股票的朋友常常会遇到这么一个问题：买了的股票迟迟不涨，甚至几十天都不动窝，眼看着别人的股票"噌噌噌"往上蹿，你说急不急？

这种现象的出现往往就是因为没有选对题材，跟对板块。

所谓热点题材板块，它指的是，在一个时间段里，被市场主力发掘和成功启动，并被市场认可的由相应的题材、概念支撑起来的，那个具备共性特征的"集合"。与其这么拗口，还不如说"题材"就是炒起来的由头，其实就是一个隐藏了真相的华丽的面罩。

行股人都懂得这个基本道理：市场的买卖风向总是在不停地转换。每个月都有两三个由不同题材构成的所谓"热点"涌现并构成那个月的特殊景观。如2019年1月份的"特高压""氢燃料电池""磷化工"等。我管这些所谓题材叫作"找来的炒作理由和借口"。没有理由，就没有号召力，就是"师出无名"，也就没有人跟随，自然得不到市场的响应。

知道了热点题材的如此的微言大义之后，接下来就是要解决什么样的热点题材值得做的问题了。

安阳经常听到读者提出这样的问题：

这个题材能持续多久？不知道它究竟能拉多高？

怎样才能在一个题材启动之初，擒拿住里面的龙头股？

其实，题材问题是很多行股人都觉得棘手的一个难题。

主要原因是，热点千变万化且速度很快，一般人很难快速适应和认可新东西，等你看明白了，人家也结束了。

怎么解决这个问题呢？下面主要结合2019年元月份的市场热点，分4个方面论述。

话题之一：要想在第一时间看准热点，抓住板块龙头，先要做到"心中无股"！

我们说"心中无股"不是说不看股，而是眼中只有"最强势股"。

有不少做股票的人心里总有那么几只自己看好的股票。正因为自己认为它好，有事没事总爱打开K线，看看走势怎么样了，并总爱往好里去想，稍有一点动静就手痒。他们的心里总揣着一些个股，其最大的坏处是，分散了自己有限的精力，让你总怀揣一种莫名的牵挂。

而"心中无股"者认为，这个市场里没有值得与之生死相伴的个股，股票只不过是我们赚钱的可资利用的工具。如果两只眼睛只盯在最强势品种上，心里只关注当天市场的新热点和新启动的板块及题材，唯此你才能与市场的选择相向而行，与市场的节拍一致。

想做到"心中无股"并不容易，需要经历市场的长期浸润和磨砺。

前面已经说到，"心中无股"者总把目光对准市场新颖的尚朦胧着的板块和代表性的强势龙头。

比如，2018年12月26日启动的"风范股份"涨停板封得结结实实。看其主营范围"油气勘探，创投，特高压"等等，炒它的创投概念，只能算是跟风；炒油气勘探也很牵强，唯有"特高压"这个题材，算是一个新概念，且当天还有国电南自、新宏泰、汉缆股份等特高压类股票蠢蠢欲动。我们就可以把这种同时有一批同板块个股启动的最先封住涨停板的看作可

能的龙头股。

这实际上说的是起码要在每天收盘后做足功课，要把当天的涨停股票梳理一遍，包括它们的趋势位置、形态、成交量以及板块属性。

完成作业后，你才能做到心里有数，即使第一天没有介入，也要争取在第二天或初始阶段及时介入。

以上通过分析2019年1月上旬市场的第一个热点"特高压"龙头股风范股份的板块属性（其技术形态参考之前章节叙述）告诉我们，要想把握住新热点、新龙头，就不能总生活在对股票的"怀旧"氛围中，不可心中有股。

所谓"人唯求旧""股唯求新"说的就是，交朋友时老朋友最可信赖，但做股票，就必须把眼睛盯在新板块、新强势和新龙头身上才是。

话题之二：要想第一时间把握热点，抓住龙头股，善于识别"主流板块""行情主线"最重要。

重视把握题材热点的行股者，都懂得题材可以大致分为"大题材""中小题材"及"消息刺激题材"等类。无论怎么划分，它们都可以归类于"主流题材"和"非主流题材"，即"行情的主线"和"非主线"之中。我们永远要追随的只是"行情的主线"。比如，2019年的创投题材，这就是行情主线。尽管在不同的阶段，这条主线会有不同的表现形式——时起时伏时缓时急，但万变不离其宗——由"科创板"试点引发的"创投"题材会贯穿始末，这应是无以替代的"主流热点"——还包括已经走向世界的中国5G，也是2019年度的主流题材，即行情主线。

在谈到这个问题的时候，不能不说到东方通信（600776）——这只个股身兼"创投、5G、华为"三任。如果我们能够读得懂它的这些"身份印记"（实际上是它炒作的题材逻辑），再辅以仔细研读该股2018年11月27日的带量启动主升浪的那个突破涨停板，那么，我们怎么也不会失去这只2018年岁尾涨幅高达300%的大牛股。

实际上，从主流题材和行情主线的角度抉择选股，我以为最重要的是：要时刻紧盯人气指标股。这种股不仅是板块龙头和行情热点，而且是热点里的焦点。

可以这么理解，我们未必能够提前布局于未来的龙头股中，但我们必须睁大双眼，等待最强的那一只股票现身。即使在首板初始阶段没有买到，一旦确认其真实身份，你也要把握住它后面的节奏和机会。

看懂市场主流热点的本领，是短线客必须练好的基本功。

话题之三：要想把握准确新题材和热点机会，重在"选时"。

我们选择热点题材时还会遇到一个问题：并不是每一个新产生的题材或概念都能够成功。

有的题材概念，无论你怎么折腾就是引不起市场（实际是大资金）的兴趣。市场虽然在起起伏伏的波动前行中离不开新热点的烘托和映衬，但对于有的题材却视而不见，由它自生自灭去。

这就要求我们要具备一双锐利的鹰眼，要能快速识别什么样的题材只是过眼烟云，笃定"热"不起来，不值得我们劳民伤财，什么样的题材又是不容许我们放过的。

比如说，沪深两市步入2019年1月份，虽然指数涨涨跌跌、起起伏伏，但市场却仍旧按部就班地奉献出了月初的特高压题材（风范股份、国电南自、新宏泰、汉缆股份等均有所表现），月末的"燃料电池、氢燃料"题材（全柴股份、雄韬股份、长城电工等个股也有表演），可算作"中等

题材",月中还夹带了一个"磷化工概念"(芭田股份、澄星股份、宏达股份亦有表演),只能算"小题材"了。

中等题材的生命空间十来天,小题材也就活个三五天——这是一方面。另一方面,我们还要认识到:选择这种不时涌出来的各种题材,需要比较准确地判断指数的走向强弱。

这并不单单就是一个板块筛选的问题。如果指数转好,你会做得顺风顺水,如有神助;如果遇上指数回撤,同样还是你,没有来得及随风使舵,或者是继续沉浸在前一波赚金币的幸福回忆里,装了一肚子"货",对不住了,前一波的利润很快就将泡汤。

2019年1月下旬,特别是春节放假休息前的最后三天下跌,大家都还记忆犹新吧?

这就告诉我们:即使有板块题材效应,你也要趁着指数走强时,大胆重仓介入。而当指数见顶或即行回撤,就要及时离场,规避风险。

如此应对之策方符合题材、指数、热点发生、发展、高潮、尾声的规律。

话题之四:要懂得"题材的特殊属性"常常掩藏于形态的背后。

我们知道,题材、概念的炒作都是由市场的始作俑者先人一步发掘出来的。

一只股票开盘就突然涨停了,为什么它会涨停?市场里的绝大多数人还丈二和尚——摸不着头脑,不明就里。

但是,有一个基本特点是掩饰不住的,即凡是能成为后市领涨的人气指标的最强势个股,其基本形态都会在启动时刻相对完美。——通常都会在突破口的位置。

也就是说，往往最强势个股的"形态领先于题材之前"会先一步昭示市场：我来了！

等收盘过后，市场才开始寻找其涨停理由——什么这题材那概念的就都跑出来了。

我们可以认为这是题材的一个重要属性：雷厉风行，不带你玩。包括鲁信创投这样的题材，第一板你也搞不清它为什么涨停。中午时消息才传来，而你想买进它，恐怕要在第三个涨停板之后了。

这就说明，技术分析的价值在于：它总是领先一步，用形态（包括量能）发出即将显现或已经转强的信号，帮助我们提前得知这只或这类股票可能蕴含了新的临界启动的热点题材。

那么，我们了解了题材暨板块龙头这种略感怪异的品性后，用什么办法对付它呢？

我以为，最有效的方法还在于我们要练好基本功：把各种强势启动的形态烂熟于心，手到擒来。

无论风从哪边刮过来，也不论这风有多大，我们都可以从容应对它。

本节小结

其实，以上说的许多关于怎样理解和把握个股炒作题材、板块等问题，包括大盘趋强转弱的拐点问题，说到底还是一个强势股炒作的背景和环境问题。

我们只是从回答下述4个问题的角度叙述了粗浅的认识：

（1）先要做到"心中无股"，不受羁绊，才能及时抓住新的热点龙头。

（2）面对诸多的不时产生的概念、题材，要善于抓住"主流题材"与"行情主线"。

（3）把握热点，要重视"选时"，不忘指数冷热环境，学会取舍。

（4）懂得"题材的特殊属性"常常掩藏于形态的背后，练好选股真功夫。

总之，说来说去，离不开看准"最强势个股"最安全机会并能及时出手的总原则。

而要想做得扎实和完美，你必须要让自己进入状态，不能三心二意，神思游移。

在本节的叙述中，笔者没有采用一般理论书籍那种拿腔拿调的写法，而是面向和贴紧市场，甚至刻意限定采用2019年1月份以后的典型案例。这就难免会遭受指责——是不是有些太追求实用，甚或有过分之嫌？而笔者以为，这本小书本身并不求去登临大雅之堂，所以绝不企求包罗万象、面面俱到那种"说股论经"的味道，只求有针对性地给读者微小帮助，能搞明白一两个问题就可以。所以就不求甚解，不揣浅陋，不及全面，更非最好。只要你觉得不太难，能看懂，有点用——这就遂我之愿了。

第六节　分时走势对于精准、及时捕捉涨停板的重要性

前面五节，我们分析了叩开涨停板大门的五个环节。概括起来说，就是只去关注有符合标准的成交量支持的突破远平线阻力位的涨停个股；同时，要留意这些股票的历史成交密集区等强阻力对未来高度的限制，并同步考察下面支撑的力度大小。只做"上无阻力，下有支撑"的股票，这是行股之人应该牢记的原则。也有许多个股的形态符合上述要求，为什么涨不起来？往往是因为没有相关的题材和概念去号令资金关注它们。这就扯到了炒作理由的话题。

一般说来，以上的5点是一只股票启动行情的基本要求。如果你想把握股票的短线机会，这5个要点——我们称之为"主旨"的内容，你就必须深入研究，融会贯通。这是打通"任督二脉"的基本功。

但是，在我们实盘捕捉涨停板的操作中，仅仅理解了以上的主旨还是不足以马到成功。

因为实盘的涨停板并不是个个驯服，乖巧玲珑，趴在那里就等候你去捕捉，恰恰相反，它们一个比一个精，一个赛一个狡猾。尤其是启动主升浪的涨停第一板，更是百里挑一，甚至几百里都找不出一个的难以对付。我相信平常专攻此事的朋友都有同感。

我们从知识结构的角度说，这里还缺一个重要的环节，就是分时走势，主要是"分时曲线"知识。对于准确及时捕获涨停个股的重要性，我们还

没有讲解。而这一部分知识恰恰是告诉我们如何练就自己的敏锐眼光,在第一时间发现高含金量涨停板蛛丝马迹的技巧,这是使我们专门洞悉信号,短兵相接,兵不血刃抢板的技能。

那就赶紧开始吧!

下面我们分4个方面展开论述分时曲线的属性及其对涨停板操作的意义。

分时曲线部分之第一要义:分时曲线从属于日线的形态。

分时曲线重要,这一点毋庸置疑。有种说法甚至认为"对错在分时"。

安阳以为,看懂分时固然要紧,但这改变不了分时曲线的从属地位。也就是说日K线的形态,趋势位置制约着分时曲线的荣辱成败,不可以逆推。

实际上,只有当个股的分时曲线强势状态与日K线强势形态融为一体时,才是真正的上涨买入契机。之所以强调二者的本末关系,是想让我们了解,在一个下降的趋势里,即便出现一天的涨停阳线,配之以最靓丽的分时曲线结构,也于事无补。而在一个整理走势的末梢,优异的分时曲线结构就能"牵一发而动全身"。

分时曲线这一部分知识涵盖的内容最多、最细,最丰富也最庞杂,最有魅力也最让人头疼。

我们下面仅限于选取案例的"涨停第一板"来做分析,与大家一道叩开这扇大门,登堂入室去看看。

本节案例之一：全柴动力（600218），氢燃料电池。（如图1-38、图1-39）

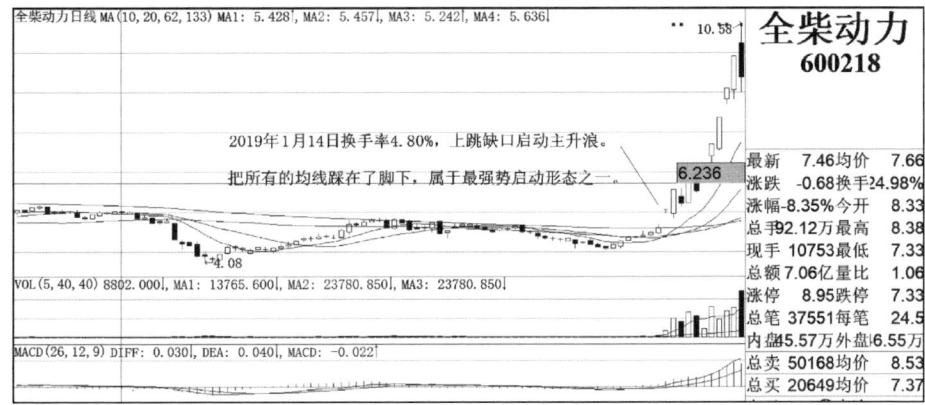

图 1-38

日 K 线选取时间：2019 年 1 月 14 日。

均价线状态：多均线黏合处下。

日换手率：4.80%。

切线分析：远平线一举突破。

当日基本属性：带量一字板极强势启动。

分时曲线截图：

图 1-39

分时曲线选取时间：2019 年 1 月 14 日。

分时曲线表现为：一字板，全天未开。

黄白线状态：二线紧贴。

说明：2019 年 1 月 14 日的分时曲线属于最强态势，与日 K 线形态完全统一。

本节案例之二：特发信息（000070），5G芯片概念。（如图1-40、图1-41）

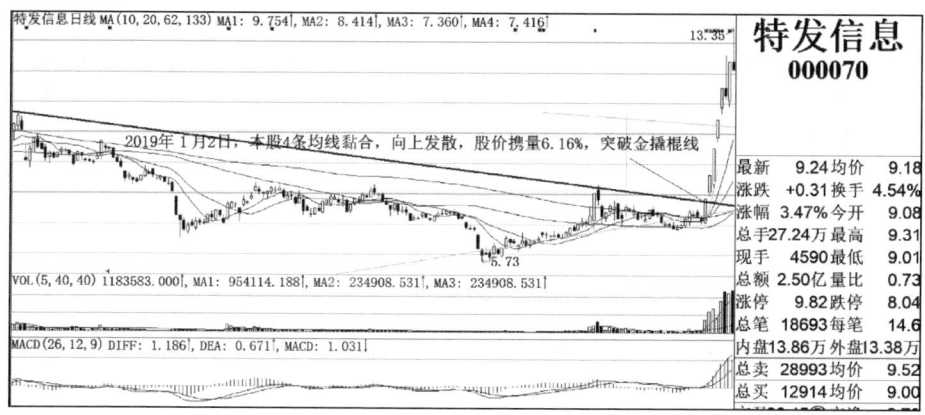

图 1-40

日K线选取时间：2019年1月2日—1月11日。

均价线状态：4条均线黏合，多头排列。

日换手率：6.16%。

切线分析：一举突破金撬棍线。

当日基本属性：带量实体板，穿线起涨。

分时曲线截图：

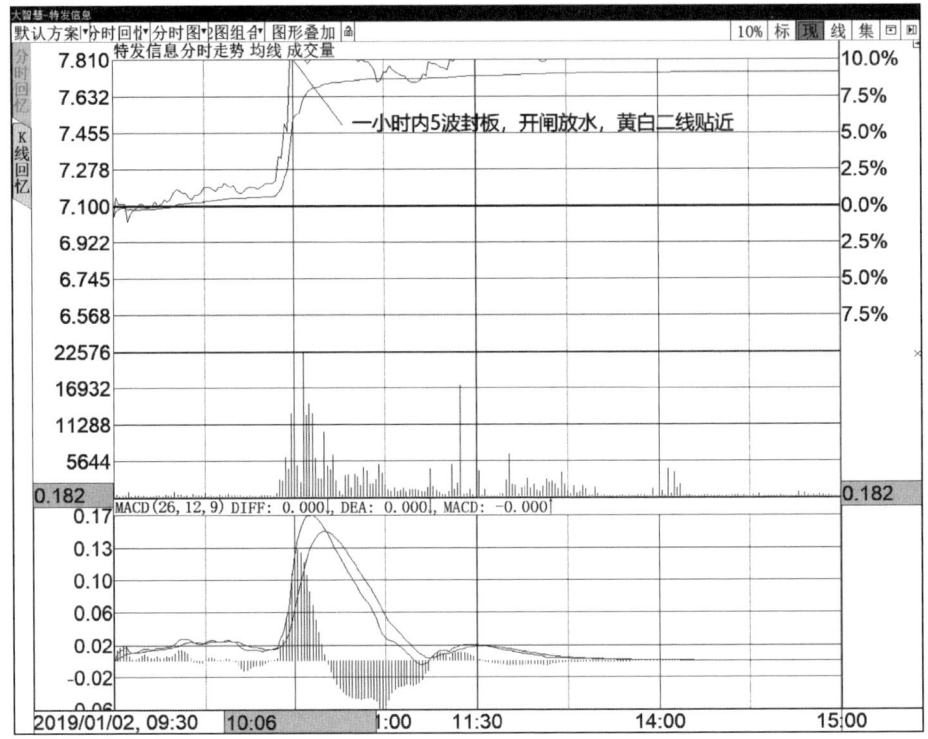

图 1-41

分时曲线选取时间：2019 年 1 月 2 日。

分时曲线表现为：一小时内 5 波封板，开闸放水。

黄白线状态：二线贴近。

说明：以上两张图反映出特发信息分时曲线强势与其日 K 线突破金撬棍完全一致。

分时曲线部分之第二要义：四角方阵，经纬天地，也叫作方寸之地，天庭饱满。

我们发现：有一些共同的规则是任何一只个股的分时曲线都必须遵守的，一旦不符合，就预示着将出问题。这个基本的"方阵原理"主要强调的时间段特指早晨开盘前一小时内。

把早晨第一小时的昨收盘价格上方的区域看成是"水上强势区间"，收盘价下方是"水下弱势区间"，以水上区域为研究重点。

一、分时曲线，方阵乾坤

所谓四角方阵里的4个角的含义如下：

A点代表的是股价起步点，从"昨收盘价开始新的一天上涨"。（假定向上发展）

B点指左上角，要求"顶满"常见个股早市3分钟或5分钟冲板，只要在20分钟内冲板，都可以看作顶满B点，达标。

C点是指右上方"一小时结束的时间点"。C点也必须"饱满"，最好是顶死涨停，不允许塌陷。

经常可见个股在B点触板后回撤，但在C点必须再度封板，否则，C点弱，全天弱。

D点是指右下角，C点永远不能是最低的点。（截至一小时）

水下也同此道理：C点不准许是最低点，其余参考水上理解。

股价在一小时内，在昨收盘价格的上方，激情饱满，B、C点最高，这叫"天庭饱满"，是最强势。

股价在一小时内，在昨收盘价格的下方，水深火热，死气沉沉，D点不出新低还有望；出新低，再无宁日。

参考案例之一：鲁信创投（具可操作性），芭田股份（无可操作性）。

以上案例显示 B 点顶满，C 点顶起。

参考案例之二：中石科技（当日最强），永鼎股份。

以上案例显示 C 点最高。

参考案例之三：银星能源，汉钟精机（首板）。

以上案例显示 C 点也允许在一小时之外顶满，叫作"务实板"。

实战中要观察：开市高开拉升，B 点必须直接触及涨停板（并且触板量达标），不能不触及涨停板就掉头折返（最忌转向角尖锐），C 点必须在一小时内最高，不最高不顶格就是不及格。一板不涨停就是它的错，二板不涨停就是半残废，说的就是这个道理。

往往是，在 C 点顶板后，有一个瞬间打开，也只有在此时（一小时时候）才适合挂抢买单，别的做法均会失之安全。

参考案例之四：天宸股份，春节前涨停日，天庭饱满没问题，黄白起飞也达标。问题是：总量小（封板时，不睁黄金眼），133 日线压顶，大盘 50 只跌停板，背景环境差。

参考案例之五：中兴商业，春节前涨停日，C 点顶格，没问题。问题是：总量小于 2%，也不睁眼看。板块无，大盘背景差。所以，当日或次日都不可买入。

参考案例之六：长城电工。2019 年 1 月 11 日，叫作 C 点顶高，不在最低。1 月 23 日，水上相当于 B 点顶满，天庭饱满。

二、四角方阵，量能坐镇

除了以上对涨停个股仔细观察其处于"四角方阵"的哪个位置外，还有最为重要的就是辅之以"成交量""运行方向"和"转向角"来进一步定性确认其强弱，可起到精准打击的效果。

成交量指标：在 9:35（开盘 5 分钟）预选个股的成交量要初步达标。

在 9:40（开盘 10 分钟）所选个股成交量要基本达标才可考虑及时买进。具体要求是：

老股票：35 分钟，量实现换手率 2%；40 分钟，实现换手率 4%。

次新股：35 分钟，量实现换手率 4%；40 分钟，实现换手率 8%。

强势次新股：35 分钟，量实现换手率 8%；40 分钟，实现换手率接近 16%。

大盘大流通市值，35 分钟量实现换手率 1%；40 分钟，实现换手率 2%。

办法是：在 9:40 的时候，审视昨日涨停股、今日高开股，以及沪涨幅榜、深圳涨幅榜换手排序达标者即可。

三、运行方向和转向角

要求强势个股在满足以上成交量、形态位置的同时，还必须是方向向上发展，不准朝下运行，向下即刻否定。如果是方向向下，则须立即查看其"转向角"陡峻还是舒缓？向下陡，马上走；向下舒缓，可以暂持观察。

以上几点，就构成分时曲线的操盘秘籍"四角方阵"量价分析体系。

分时曲线部分之第三要义：启动首板的分时曲线要求启动量能、启动气势（封板时间和速度）、启动浪形（形态）三者完美统一。

所谓启动量能，这是指要完成的换手率。

问题是，换手率"做大"需要时间。如果在很短时间内既要封住涨停又要换手达标，这显然有较大的难度。

我们先来看最强势启动首板的股票对时间和速度的要求——时间分为 15 分钟内封板，一小时内封板以及 14 时前后封板。其中以早上开盘 15 分钟内封死涨停者为上品。这种涨停板被称为"早封"和"秒封"。

涨停板对时间要求就是一个字——"快"！因为只有快，才能显示出封板资金的强悍和让你猝不及防的气势。

其二是封板的浪形要求。大抵可分为"3 浪封""5 浪封"和"一手板""缓推板"等几种类型。

我们都知道,如果把以上的要求分开去对付,那当然简单得很,随便拿来一只涨停板都会符合其中的一点。但我们这里的要求恰好是上述项目的同步共振。比如,从气势上说,快速的封板(3 分钟内或 5 分钟内)就很难把成交量做起来;做大了成交量的股,封板时间又往往滞后。但最强势个股却要求这两者统一,即既要快,还要量能达标。这实在是强人所难。

以下,我们选取 2019 年 1 月份以来的相关涨停案例,展示给大家做甄别和直观地体验,看看自己能够从中悟出一些什么道理来?

本节案例之一:嘉泽新能(601619),新能源题材。(如图 1-42、图 1-43)

图 1-42

上图为该股的日K线形态图示，2019年1月10日携量突破金撬棍阻力线。

我们再来看本股突破涨停首板的分时曲线：

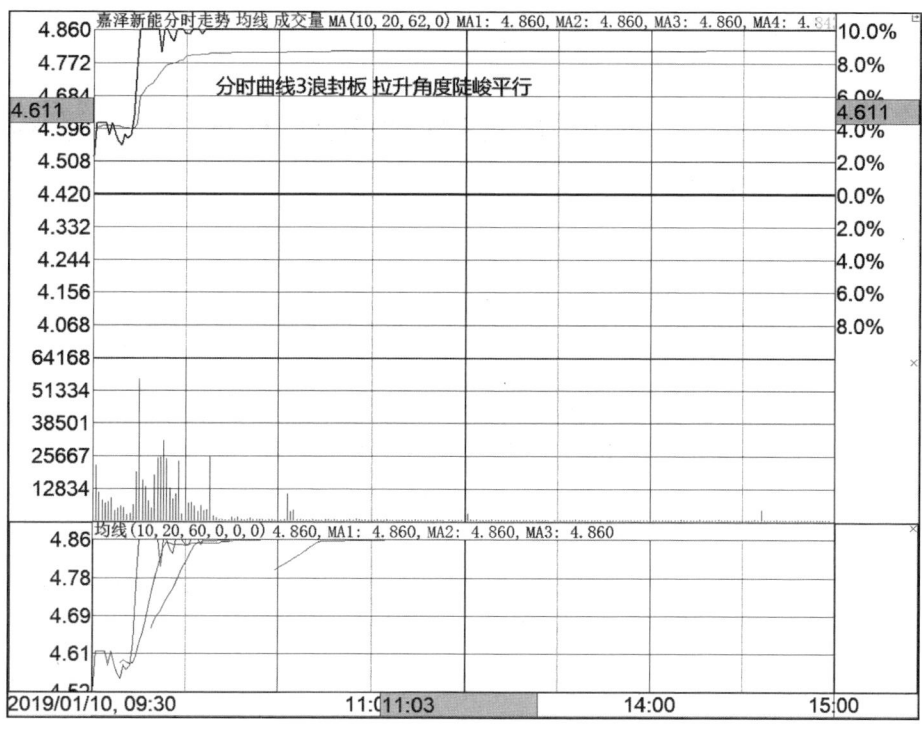

图 1-43

上图分时曲线形态显示首板封板时间：一小时内封停，属于早封、秒封。

首板封板浪形：属于"3浪封板"，拉升角度陡峻、平行，气势凶悍。

日成交量：全天换手率12.29%，达标。（读者还可以运用上节的触板及板上量检验。）

说明：以上该股首板分时走势显示，其成交量与封板时间、浪形和谐一致，气势与形态统一。

由于其上方133日均价阻力压顶，完成30%的波段升幅后，股价短线回落。

本节案例之二：欣天科技（300615），创投，5G题材。（如图1-44、图1-45）

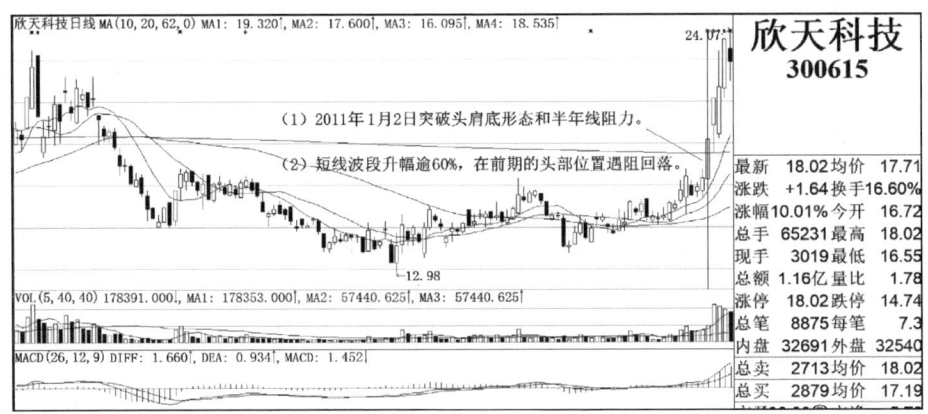

图 1-44

上图为该股的日K线形态图示，2019年1月2日，突破133日半年线，同时突破整理逾百天的大型头肩底形态。首板换手率24.31%，基本满足远端次新突破的量能要求。短线升幅约60%，在前顶处受阻回落。

我们再来看本股突破涨停首板的分时曲线：

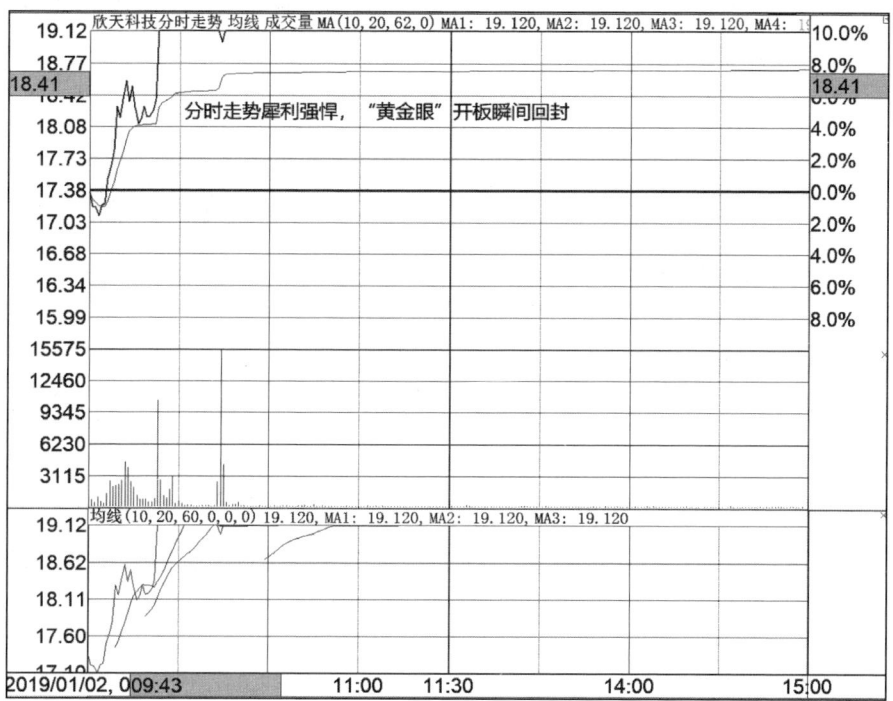

图 1-45

上图分时曲线形态显示首板封板时间：30 分钟内封涨停，秒封板。

首板封板浪形：属于"3 浪封板"，"黄金眼"一眨，再也不开，气势凶悍。

日成交量：全天换手率 24.31%，基本达标。

说明：本股首板分时走势显示，其成交量与封板时间、浪形和谐完美。

但由于涨升到前期的顶部区域，受阻后短线回落。

启动日的首板日 K 线与当日分时曲线强势相统一。

本节案例之三：湖南发展（000722），国资改革题材。（如图 1-46、图 1-47）

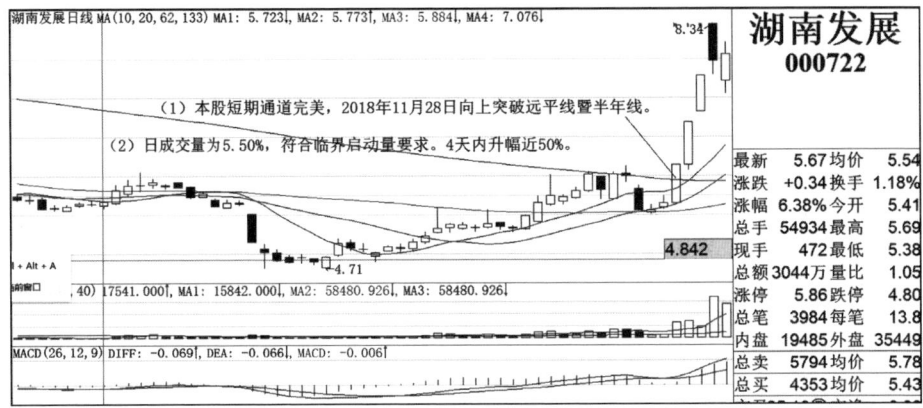

图 1-46

上图是"湖南发展"2018年第三季度"突破"前后的趋势位置K线图。

2018年11月28日，该股涨停首板一举突破半年线暨远平线。

日成交量为5.50%，完全符合临界启动量要求，沿着完美的短期通道4天升幅接近50%。

我们再来看本股突破涨停首板的分时曲线：

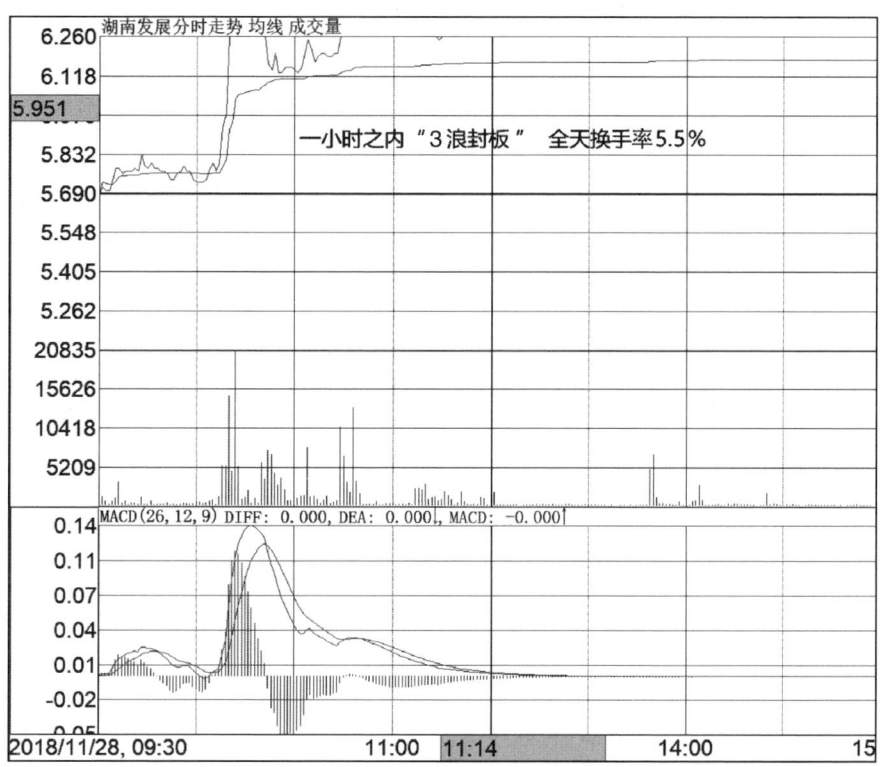

图 1-47

分时曲线形态显示首板封板时间：一小时内封停。

首板封板浪形："3 浪封"。

日成交量：全天换手率 5.50%，符合启动量要求。

说明：以上该股首板分时走势显示，其成交量与封板时间、浪形和谐统一。

4 天内即完成近 50% 波段升幅，算得上短线良品。

该分时曲线与首板日 K 线突破形态相一致。

本节案例之四：通光线缆（300265），5G，特高压题材。（如图 1-48、图 1-49）

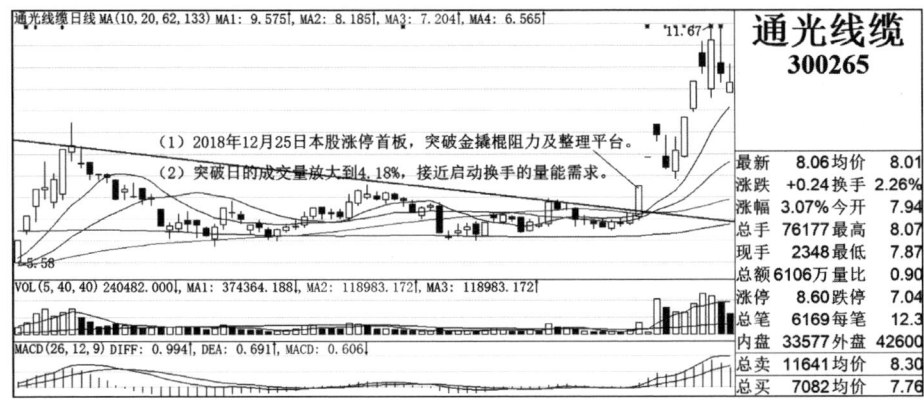

图 1-48

其日 K 线形态，我们侧重于 2018 年 12 月 25 日启动的这一波走势分析。

该股 12 月 25 日涨停首板的换手率是 4.18%；其时，该股的 4 线聚合处下，股价刚刚结束一个平台的调整，启动后的短期升幅高达 70%。

我们再来看本股突破涨停首板的分时曲线：

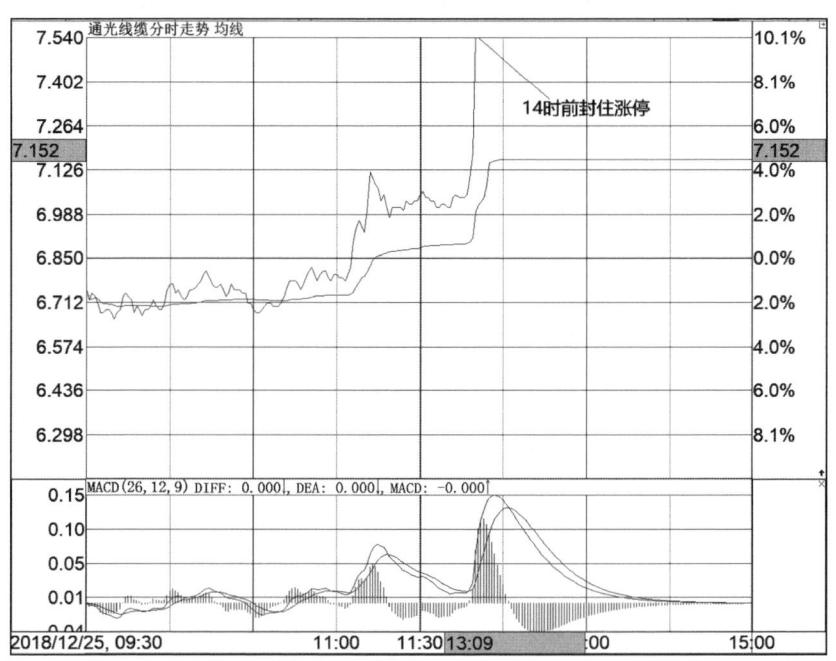

图 1-49

上图分时曲线形态显示首板封板时间：14 时前封板。

首板封板浪形：仍然可以算作"5 浪封"。

日成交量：全天换手率 4.18%，稍显不足，暗示不会连拉涨停。

说明：我们看分时走势，其基础永远是"携量突破"，这是强势股的共性。

如果量能不够理想，就暗示走势不会顺利，就容易一波三折或退回 10 日线去，本股即如此。

再者是封板的时间问题。个股越早封住涨停板，就越是说明实力雄厚，能够承受当天所有的卖盘。

真正走出主升浪行情的涨停首板，在启动的瞬间，都是急升，以巨大

的封单封死涨停价位（1000万股以上封单）。

这种股绝大多数都不会让你买到。一个小时内封板，甚至是几分钟封死，它所要展现给大家的无非就是气势非凡、所向无敌和让你望尘莫及而已。

这里还要说明的一个现象是，由于最强势股的这种大家熟知的特点，就引来很多假冒伪劣的东施效颦。它们也是一上来就"板住"——你才排队吃上，它就开板往下滑溜起来，一直滑向前一天的收盘价。

区别的唯一有效方法就是：看板住的股的成交量有多大？如果小于3%换手率，最好别心手发痒。

再说回我们的本题：一般下午封住的涨停板，其力度会逊色于早盘的板。但下午的涨停板，也同时避开了半路开板的不确定性，避免了吃上影线。下午板一般是"回封板"多些，主要看量能此时是否满足需求。

本节案例之五：新宏泰（603016），充电桩，特高压题材。（如图1-50、图1-51）

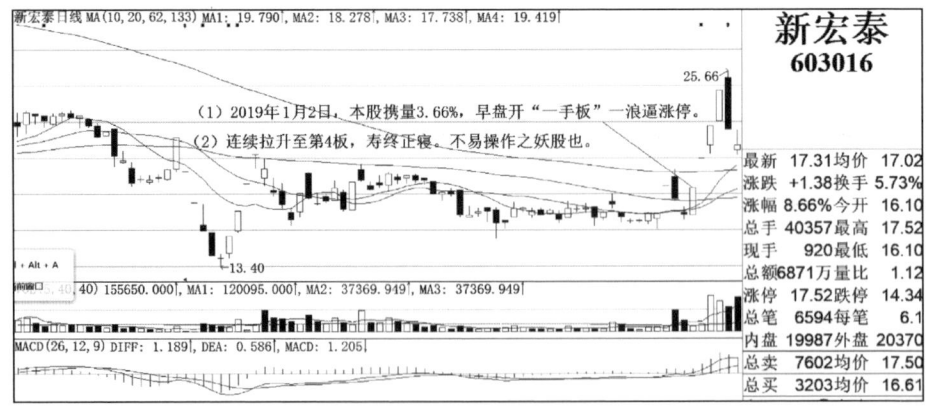

图 1-50

这只股票多少带有几分妖气。之所以这么说它，你看看它2019年1月2日以来的表现即可知晓。

1月2日，算是它的启动首板，采用的是"一手板"，即以"迅雷不及掩耳"的速度一手拉起封死涨停。凡遇上这种分时走势，我们都要多个心眼。——不让进，是真的还是假的？一般来说，真正好的大牛股都有一个特点：都会采用"换手推进"的策略，去看东方通信和风范股份就清楚得很。

但凡开盘一手封死，或者开一字板无量的涨停，多数是包藏祸心的惹事油子。这些股连拉几个一字板，叫你天天排队，天天无望；天天无望，还要天天排队。哪天一旦开板，就是天量套人。所以，对于凡是不让进的股票，不如趁早就别理它，叫它自拉自唱去。

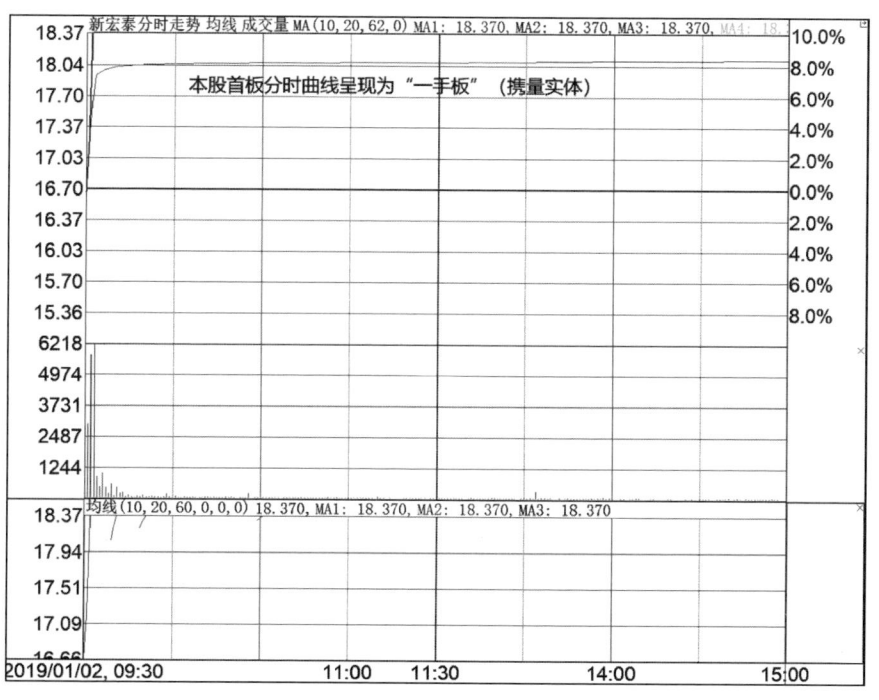

图 1-51

扯得远了些，再回到本题：本股就是连续两天基本上不叫你进，等你进去了就剩一点残汤剩羹。

再退回来，往前面看2天，本股就是先开了一个"一字板"然后长阴洗盘，把人赶下车。——天生不是只好鸟，不做也罢。我们在此处，仅讨论它的"一字板"（一手板）现象。

记住，不要为他人去"顶"一字。

图1-51是本股的分时曲线"一手板"模式。

如果这种"一手板"能够携量，也许在后市多少会有点汤喝。无量的话，连根骨头也吃不上。

第二章

细节篇

第一节 做涨停板，要谨防"假突破"的技术陷阱

在本书第一章的第一节，我们讲述了唯有"突破"向上的涨停板，才值得研究和操作。但是在股市实战中，仍有不少朋友运用所学的知识去买卖却挣不到钱。明明看得清清楚楚是突破了"远平线"，怎么只冲一下就熄火了呢？动作稍慢一点，就给套上了。因此，这样玩不到两次，就不敢再去操作"突破"的股票了。因为他们看到突破往往"突"在高位，被套也就在高位，很容易形成"恐高"心理。

尤其是一些入市不久的投资者，一进来市场，就是想来赚快钱的。最初都试图采用"追板"做突破的这种激进策略，但做了两把，失败了两次，赔了银子，就再也不敢去做突破了，一听见有人说突破，就躲到一边去，听也不想听。那么，问题究竟出在了哪里？真的是做突破惹的祸吗？

其实，我们有时候用某种技术套路在市场中博弈，出现一些差错，未必就是这种技术本身的错。很多时候是由于不同的市场背景，需要及时变更交易策略，但自己不能与之相适应引来的麻烦。说到底，还是没有真正掌握技术的真谛。

那么，在我们运用"突破理论"参与实战的时候，最容易发生什么问题呢？

我们认为，最容易出的问题是"假突破"。安阳经常说，如果每一个远平线的向上突破，都是100%可以赚钱，那么，市场里就没有输家。大

家都只需潜心找这种突破的形态，找到后买进就是了。其实并不是这样。

下面，我们以突破"远平线"为例，告知大家如何防止假突破，以及遇到假突破时应该及时采取的相应对策。

强势个股，在远平线附近，某一天携量长阳线上突，往往还有一个"验证突破"有效性的问题。

一般说来，突破长阳线，一举穿过远平线，次日的走势非常关键。如果第二天不能延续前一天的走势，即不能继续涨停或继续放量收阳，那么，这两个交易日的K线就构成了一个区域。我们称之为"突破"之后的"上限"与"下限"区间。这个区间就是专门用来检验突破有效性，即为验证真假突破而专设的技术标准。

本节案例之一：长城电工（600192），燃料电池，氢燃料题材。（如图2-1）

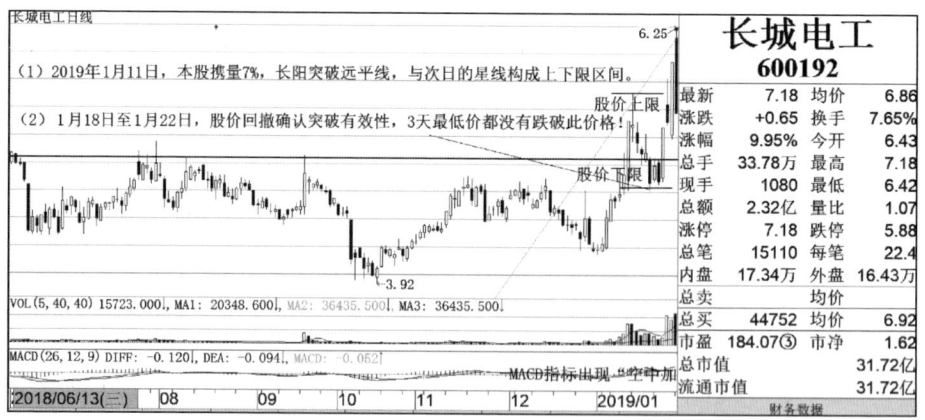

图 2-1

2019年1月11日，本股向上突破，日成交量实现了7%的临界启动量。第二天，报收长上影星线。这一天的最高点价格5.65元和突破长阳线的最低价格4.78元，就构成了一个"上下限区间"——以后，如果股价向下回抽被突破的远平线，其最低价格不得跌破这个最低价的下限。如果跌破，就意味着这次的向上突破是一次"假突破"。如果你在突破那一天买进甚至在第二天的上限附近介入，短线技术要求你都必须做止损离场动作。反之，如果股价向上运行，突破了第二天的价格上限5.65元，这才说明该股是真正的向上突破。

我们看到，1月11日，突破长阳最低价的4.78元，构成日后检验真假突破的下限价位。

我们看到之后股价果然回撤远平线（蓝色水平线，注：精装本带彩色），1月18日最低价：4.84元；1月21日最低价：4.85元；1月22日最低价：4.83元。包括1月31日的最低价4.89元，都未见跌破4.78元的下限价格，这就是股价回撤检验突破后的支撑力度，也就是验证真假突破。

很明显，本股经受住了考验，股价回撤到突破长阳的根部未能击穿。所以股价在2月1日选择了向上的突破，从而证实了本次向上突破的有效性。

本节案例之二：深天马A（000050），OLED，柔性屏题材。（如图2-2）

本股2019年2月11日涨停板启动一波行情，2月25日止步于18.69元（股价翻倍）。

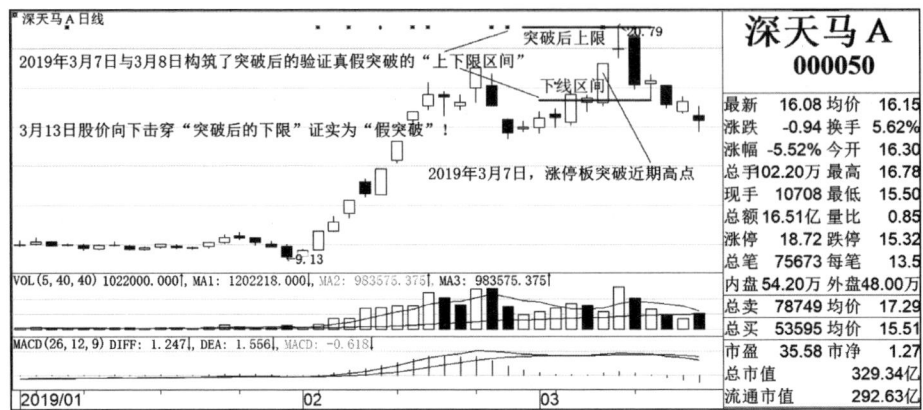

图 2-2

调整 8 个交易日后，3 月 7 日本股再次向上突破前方 2 月 25 日的"前高价格"最高价 18.90 元，涨停收盘。3 月 7 日的这条突破阳线，脚踩 10 日均价线（黑颜色均线），"踩线过顶"可惜成交量不足，是为硬伤。第二天（3 月 8 日）赶上指数大跌，本股报收"长上影十字线"——这条星线与前一日的涨停阳线构筑本股突破后的"上下限区间"。最低价选取涨停板最低价：16.82 元；最高上限价选取十字星线最高价：20.79 元。即日后股价回抽确认，不得低于 16.82 元。这是检验真假突破的最后关卡，一旦跌破，证明本次上突是一次"假突破"，需要及时止损。

我们很遗憾地看到，3 月 13 日股价最低价击穿涨停板最低价，录得 16.70 元。这就验证了本股的向上突破是一次"假突破"动作。

另外，从买进股票止损点设置的角度来说，其一，3 月 8 日的收盘长上影线，上影长度为 5%，远远超过了上影线超过 2.5% 就要部分卖出的止损要求；其二，即次日 3 月 11 日的长阴线下跌幅度一旦超过距最高价 6%，也是止损卖出点；其三，从我们的交易体系来说，"长阴过 4%"就意味着深幅调整或者双底调整的到来，也需要及时卖出止损。

我们反复多次在博客与讲座中阐述"本阳本价原则"。再退一步，一旦股价跌破10日线，则无条件离场，因为10日线是生命线，命都没了，你还拿着股干吗？

本案例是突破前高后，股价回抽击穿长阳最低价（下限）验证假突破的一个代表性案例。

本节小结

涨停板突破，人皆向往之。但是，在一个完整的交易体系里，尤其需要看重的是这次突破是否有效，也即"真假突破"。

好在我们的交易体系中，引用了涨停突破前高之后的"两个交易日"的价格构筑成一个"上下限区间"，用来检验这种突破后的真实性。

通过以上案例，我们应该基本掌握了这种技术验证体系，相信它对于我们每一个在市场里博弈的人都有很高的实用价值。

这也是安阳关于"突破"理论里的一个重要细节。安阳认为，技术学习是一个逐步完善的过程，要尽可能学技术在前，尽可能减少每一个市场博弈者的机会成本。如果不能学习在先，每一次都用真金白银去试错，也就太扎心了。技术层面的缺陷导致我们很难赚到钱，而赚不到钱又反过来导致我们的心态失衡，就更难提升到"对趋势理解"的层面，就会长时期徘徊在技术不成熟的止损状态中，这就很难实现对这个市场的完整理解和把握。

第二节　战术缺口形成的量度升幅短线技巧

做技术分析研究的朋友对于缺口理论，应该是驾轻就熟了。

而在实战中，我经常遇到一些人，他们对缺口望而生畏，一脸困惑。

一般说来，通常一波走势其突破缺口的确认是基本功。只要突破成立，再向上或连续或间断出现第二个跳空缺口顺理成章，关键在于是否携量突破。

当第二个缺口成立之后，要求三个交易日内不得回补，那么这个缺口就将成为有效的持续性缺口。

通常出现这种情况，我们便把此持续性缺口视为"量度升幅"缺口。即从第一条突破长阳线前一天的收盘价起，到第二个缺口的K线开盘价，这一段的高度仅仅完成了未来上涨空间的一半。

短线高手之所以看重具有第二个携量缺口的涨停板，主要原因恐怕就是看中了这种缺口具备的量度升幅属性。因为这里显示的未来升幅空间是既定的，可以说，这是一种比较明确的确定性赢利机会。

下面，我们以京东方A、一汽夏利两只个股来做讨论。

本节案例之一：京东方A（000725），柔性电子题材。

2019年2月12日该股开盘后上穿季线启动，封住涨停板。

该股流通市值高达1000亿元，它的封板极大地振奋了市场做多的信心。

次日即2月13日,该股向上跳空开盘,半小时内携量再次封住涨停,留下一个较大的缺口。我们将其视为突破平台的缺口(突破性缺口)。

第3天(2月14日)京东方A跳空10%涨停价格开盘,随后回落,但还是留下了一个未能填补的缺口。

其最值得关注的细节是:这天的成交量是前一天的倍量。此缺口在3天内并未回补。它就具备了一种属性:上涨可能还没有结束,未来的升幅空间应该是2月12日的收盘价到2月14日的开盘价之间的高度。果然,2月26日的最高价4.61元,基本完成了量度升幅的空间高度。(如图2-3)

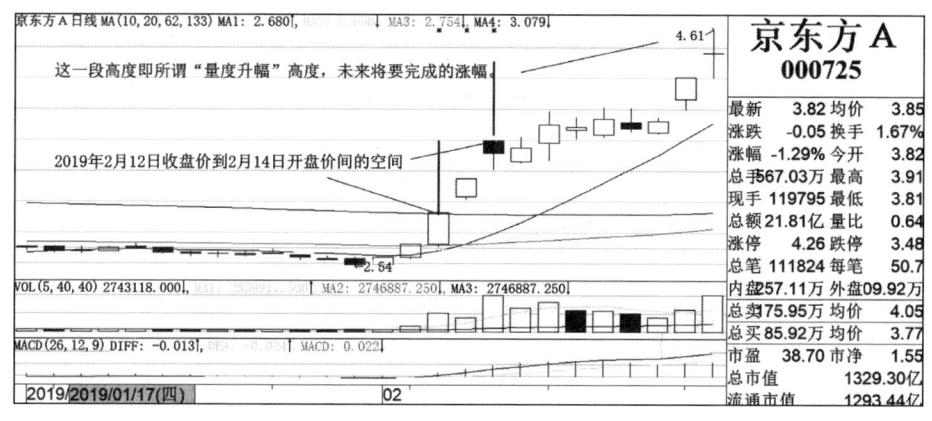

图2-3

本节案例之二:一汽夏利(000927),国资改革,新能源概念。

(1)2019年3月28日,开盘即快速封板,留一个较大的缺口。我们将此缺口视为战略突破性缺口。

(2)次日(3月29日),该股没有继续跳高留缺口,而是采用了平稳推至涨停做大成交量的策略,说明其志在长远。

（3）4月1日，再次开盘向上跳空，3天内不予回补，战术缺口成立。

（4）那么，这里的战术缺口幅度就应该从3月28日之前一天的收盘价起算，截至4月1日的开盘价高度。

（5）之后，我们看到这只股票一直涨到7.52元，完成了战术缺口的量度升幅。（如图2-4）

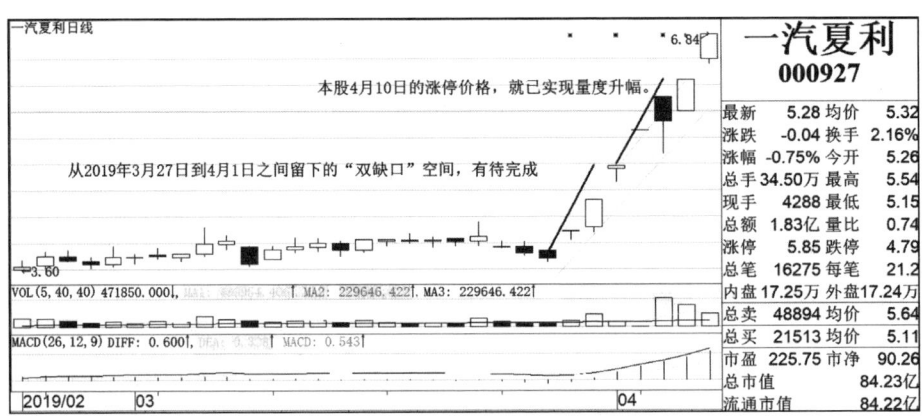

图2-4

本节小结

缺口的量度升幅结构简洁明了，案例不胜枚举。

在实战中几乎天天都会遇到，正确区分和及时抓住量度升幅尚未完成的含缺口股票，这是短线高手的基本功。

难点在于，要能够准确判定突破的真假，以及战术缺口是否成立。

当市场背景趋暖的时候，每天都有几百个缺口出现，并非都值得我们关注，我们只重视在趋势突破位置的含大量起跳缺口。

这种很难被回补的缺口，常常伴随清晰的板块效应。我们就应该在每天的复盘作业中，把它找出来，并密切跟踪，一旦战术缺口成立，就要择机介入。

缺口给予我们的机会大都稍纵即逝，来也匆匆，去也匆匆。所以这要求我们平时多看，把相关各种缺口形态烂熟于心，才能稳准狠地捕捉到我们所心仪的高含金量的战略暨战术缺口。

第三节　龙头股把"傍线起涨"演绎到极致

在安阳的《冲浪涨停板》一书，有一节"季线三弄"的内容，相信大家都比较熟悉。

所谓"季线"指日线级别 K 线图所设定的 62 天均价线。我们把这条线视为多空分水岭。

那么，本书本节说的是，当股价突破此线，经过一波上涨以后，许多个股还会回撤到这条线附近休整和消化获利盘。然后才会继续从这条线上出发，延续原有的涨升路径。

在这个过程中，在日 K 线图上，我们总能看到这么一种形态：小级别的 10 日均价线、20 日均价线，平缓地回靠即"回傍"季线后开始新一轮涨势。我们称之为"傍线起涨"。

其本质意义是：股价的持续回落，使得被放大了的换手率又回到一个新的平衡区域。

这个位置，通常都属于升势既定的龙头品种的中继"加油站"已经触发，极易以连续涨停进入新的主升浪。

2019 年 2 月份，这种"傍线起涨"被市场演绎到了登峰造极、令人叹为观止的程度。

下面，我们试以中兴通讯、南京熊猫、风范股份、东方通信等四股来阐述。

本节案例之一：中兴通讯（000063），5G 题材，创投概念。（如图 2-5）

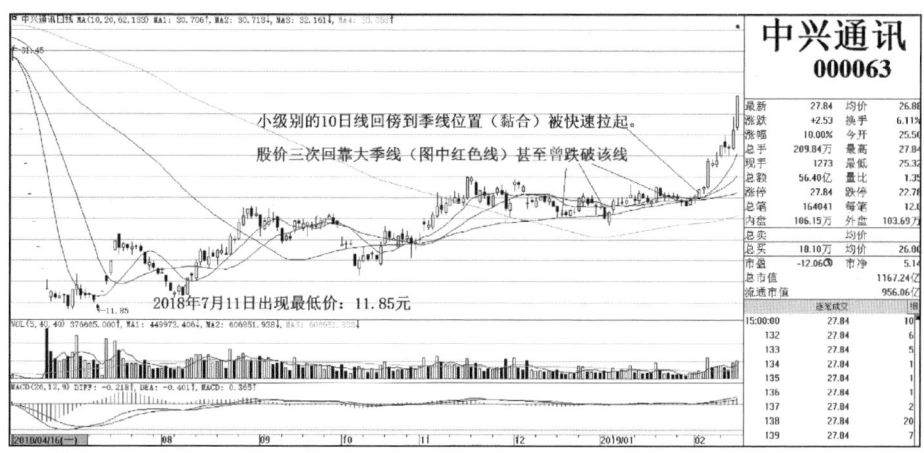

图 2-5

中兴通讯，在 2018 年的中美贸易摩擦中，首当其冲遭遇一波股价浩劫。

（1）自 2018 年 6 月 13 日复牌后，该股连吃 8 个跌停板，股价从 31.30 元断崖式跌到 13.48 元（2018 年 6 月 25 日）。

这天，一条长上影阴线，以换手率 16.04% 宣告暂缓跌势；但截至 2018 年 7 月 11 日，股价又向下滑落了 15%，直至 11.85 元止步。

粗略算来，中兴通讯的股价从 31 元硬生生跌到 11 元附近，60% 以上的跌幅致使入场资金灰飞烟灭。

（2）我们看到，2018 年 7 月 12 日，该股一字板起涨，次日携量 12.87% 向上反弹。

从这次平台突破的 11.85 元算起截至 2018 年 11 月 16 日的 17.56 元，

该股才把股价推升到 21.88 元价位。4 个月内股价的总涨幅约为 85%。

（3）接着，就见中兴通讯步入一个曲折的横盘过程。

可见此时股价，特别是小级别的均价线（10 日线、20 日线）"三傍季线"，即三次回靠大季线。

一直到 2019 年 2 月 13 日，一条携量 7.02% 的长阳线才突破了这个长达 55 天的横盘区域，开始一波快速拉升。

本节案例之二：南京熊猫（600775），5G 题材，属于跟风品种。（如图 2-6）

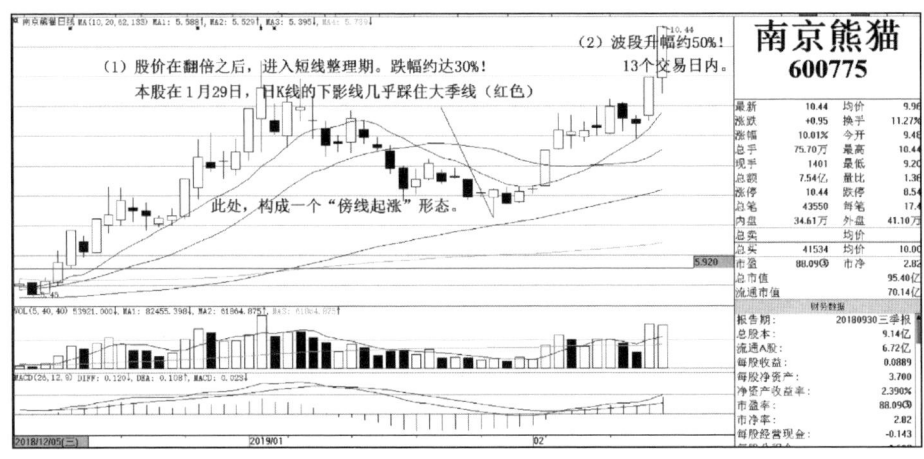

图 2-6

（1）本股跟随 5G 龙头东方通信的脚步，股价从 4.36 元起步拉升到翻倍后，2019 年 1 月 3 日步入整理期。

（2）从 1 月 3 日至 1 月 29 日，股价跌幅约 30%，耗时 20 个交易日。

（3）本股股价在 1 月 29 日，几乎要踩住大季线（红色），可以看到：蓝色的 10 天均线，向季线回傍，构成一个"傍线起涨"的完美态势。

（4）2019年2月11日（春节后第一个交易日）携量涨停板"开闸放水"再次开启新一波主升浪，并突破前期大顶，在短短13个交易日里，涨幅近50%。

可见"傍线起涨"这种实盘操作中时常见到的技术细节对强势品种在整理之后的走势，其所起到的跟踪监控以及考量其后市的重要作用，是短线高手不可或缺的技术手段。

本节案例之三：风范股份（601700），特高压一号龙头。（如图2-7）

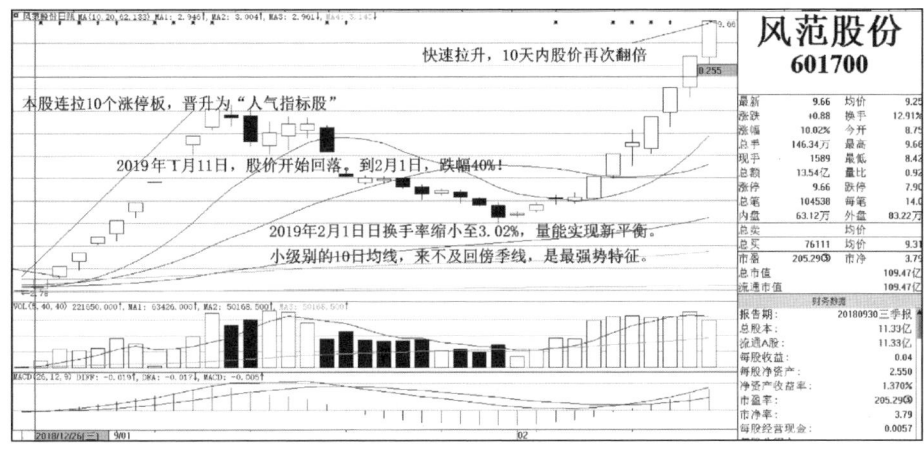

图 2-7

（1）本股在岁尾年初连续拉升10个涨停板，确立市场"人气指标股"后，即被人们所认识。

（2）2019年1月11日，股价开始回落。截至1月31日，15个交易日内跌幅40%，股价向下方的62天季线缓慢靠拢。由于一路缩量，2月1日，日换手率萎缩到3.02%，出现了新的量能平衡。

（3）2019年2月14日，一条涨停长阳携量（换手率：12.93%）再次开启了主升浪，10个交易日内股价再次翻倍。

其实，本股在股价回撤途中，小级别的10日均线并没有来得及触及大季线。这是最强势个股回撤后重拾升势的一个重要特征——不等到两条均线"傍靠"到一起，就开始了新的一波上涨。

这种股票根本不需要"三傍季线"，一傍都不肯，2019年2月份的风范股份就是典型案例之一。

本节案例之四：东方通信（600776），5G龙头一号，创投题材。市场人气指标一号。（如图2-8）

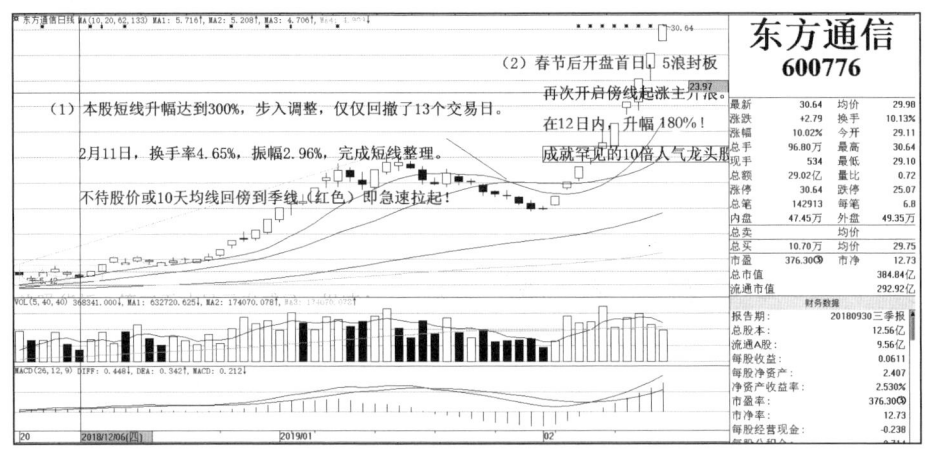

图2-8

（1）截至2019年1月15日，在34个交易日内的升幅达到了300%。

如果把股价从该股起涨价3.7元算起，涨升到17.96元时的升幅是350%。

（2）该股2019年1月16日开始回撤，股价回落恰好13个交易日。

2019年2月11日（春节后的第一个交易日）该股留一个起涨上跳缺口，快速5浪封板。

由此开启了新一轮的上涨，并在10个交易日之内飙涨150%。可谓：上涨到令人窒息和不敢相信，创造了使人瞠目结舌、叹为观止的罕见的疯狂涨势效应——真的是你不敢买，它敢涨！

（3）这只股票在其回落的时间段，基本上还是依据向季线靠拢的思路。

2019年2月1日，其日换手率仅为4.68%（一路缩量），报收一颗振幅仅为2.96%的窄幅阴星，就再也跌不下去了。实现量能的平衡以后，就迫不及待（一分钟都不愿意耽搁）地拉起。最强势的人气龙头，很难实现小线完全回傍住大季线的形态。但这不能改变其"回傍季线"二度起涨的技术属性。只是需要我们在看盘分析的时候，要细致用心。只有看得懂这种套路及其变异的蛛丝马迹，才可以感受到这种龙头股那种急切的脉搏失常跳动的节律，才能将它收入囊中。

东方通信这只短期内的10倍牛股，不仅在启动突破的时候创造了经典走势，而且在回撤整理时把"傍线起涨"演绎到了极致，创造出一个标志性的近似神话和传说，未必绝后，至少空前的经典案例。

本节小结

"傍线起涨"这种技术形态并不神秘。它是安阳实战交易体系的均线体系"技术三部曲"之一，安阳认为，大季线在股价突破起涨之初，起的是一个"多空反转"见证的作用。安阳特别强调，只要跌破或者突破大季线，就必须转换思维，可见其"多空分水岭"的重要作用。

大季线另外一处显示其威力的地方，就是本节所述，当股价突破后，经过一波快速拉升，总要有一个回撤整理的时期，已经放大的换手率，必须有一个缩小并且趋于新的平衡的过程。

表现在日K线的形态上，这时就会呈现出小级别的均线，随着股价回落，而逐渐向大季线回靠的走势。但强势品种必须在小级别均线与大级别季线将要触及或未触及的时候，再度拉升股价，造成一种小线平缓回傍大线，而不可以向下击穿，切入大季线的形态。若此时再度拉起，就意味着成交量实现了新的平衡和股价的短线回撤结束。我们称之为"傍线起涨"技术。

尽管傍线起涨还有"一傍""二傍""三傍"的细微差别，就整体来说，主要在于"傍线"后的再度起涨，而绝不可以"切线"即小级别均线切入大季线，意味着深幅调整的开始。

股谚云："不怕股价破大线，就怕小线穿大线。"说的就是在此位置，实现换手新平衡，并结束一波整理，对于下一步股价走势的重要作用。

第四节　大跌日，强势股"分时反弹"必出原则

前面的章节，我们主要研究了涨停板为代表的强势股的上涨原理。再强的股票都不可能永远只涨不跌，只不过强势品种的下跌与普通品种的下跌存在某些差异而已。

本节，我们重点讨论最强势的品种，它们何时回撤、回撤的方式，以及应对的策略。我们在本节选取了2019年第一波上涨行情中沪深两市具有代表性的4只个股，并且以它们在2波回撤走势中的表现为线索展开分析。

我们从这些最强品种的身上可以窥得怎样的玄机奥秘呢？

本节案例之一：大智慧（601519），本轮行情"大金融"龙头一号。（如图2-9）

本股2019年2月19日起涨首板，并不起眼，换手率仅有1.34%。次日"以弱示形"。第三天（2月21日）反包阳快速封板，换手率3.12%（苏醒量），之后连拉的6个涨停板有5个是无量一字板，说明该股的启动和这种狂放不羁的走势都是有备而来的。这样的一字板，显然不让普通投资者介入；启动位置买入者，某种意义上含有运气的成分。

2月28日，本股"明开板"换手率急增至15.60%；而此时，本股的升幅也已经达到130%，处在一个常规思路都会认为它将步入整理的节点

（2月28日至3月1日，市场上包括大金融在内的热点板块开始第一次回撤）。

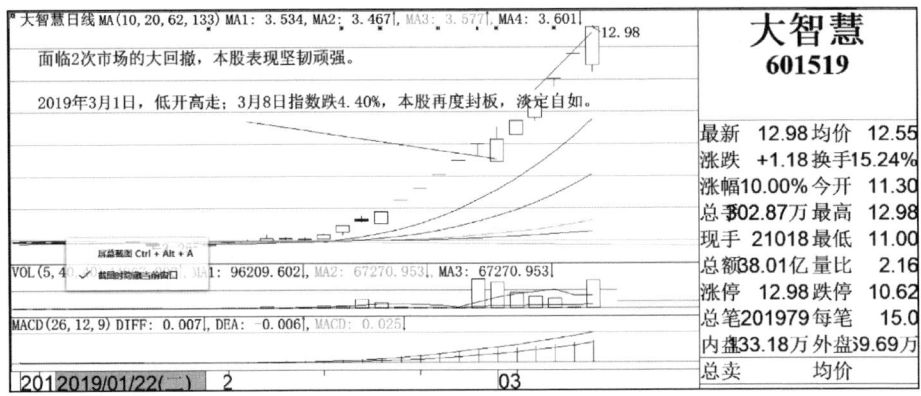

图 2-9

3月1日，本股低开后率先冲起。它没有像其他的大金融个股完全卧倒，而是表现出无所畏惧的最强势节奏——低开高走，收于水上。

其后，再连4板，无可挑剔，龙头一号，非它莫属。

我们看到，2019年3月8日，这是这次行情启动后，指数第一次深幅调整。本股振幅16.78%，收盘的时候，再次封住涨停板。不得不说，这是"大金融板块"里的仅存硕果。本股是第一也是唯一能扛住3月8日大长阴线的龙头股，再现其王者风范。

这只股票是真的还要去翻N倍，还是虚晃一枪，步入调整，为后市"大金融"走势埋下了伏笔。

本节案例之二：中信建投（601066），券商题材，大金融概念龙头之一。（如图2-10）

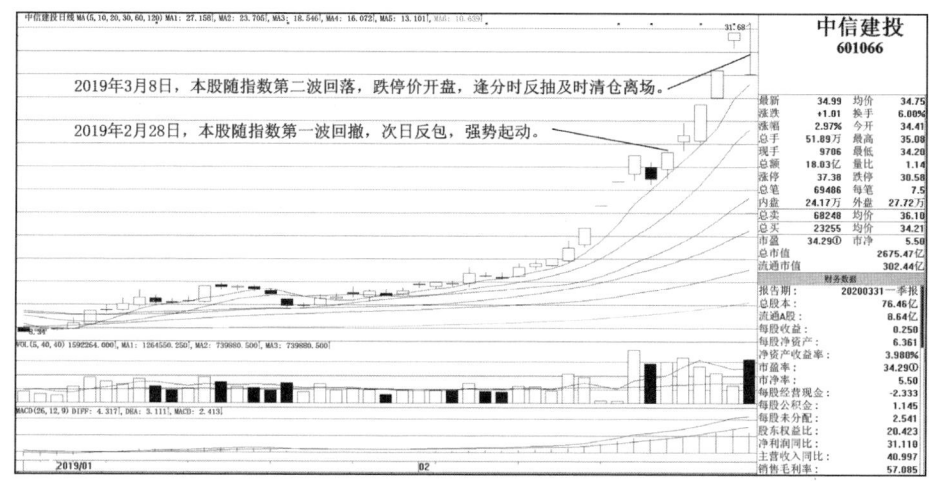

图 2-10

在这一波大金融题材行情里，本股于2019年2月22日拉出首板。此时它的绝对升幅已高达160%，严格说起来，不能算底部起涨，安全系数不大。

随着市场的癫狂，本股连拉4板，2月28日，随大盘起伏，低开收缩量长阴线。

在第一波回撤中，3月1日，本股率先启动封涨停，再现强势。

在第二波回撤时，3月8日，本股跌停价开盘。10:25左右，本股分时反抽，股价冲过前收盘价，然后回落，再次回封跌停板。

我们重点来看中信建投在股价第二波回撤即3月8日的表现。

一般说来，在大跌之日，这些涨幅高企的前期领涨股，都会首当其冲遭受波及。

而强势股之所以强,就在于它往往会在跳空低开后快速反抽。在分时级别,这时正是我们卖出的绝好时机。这个时候的反抽,大多数具有"诱多嫌疑"——我们看到本股就没有上一个案例中的"大智慧"那种运气了,它最后收盘价复归于跌停板。

用本股和大智慧在指数大跌的时候,两种不同的表现做对比,笔者旨在提示读者,要学会这种实操的基本技巧:当股价已经高企,即便是强势股,也要善于利用分时反抽及时卖出至少 2/3 仓位或者清仓离场。这是实战中跟风大跌时一种很重要的操作策略。在日 K 线上,常常可以看到每逢这种下跌日,低开的阴线都有一截上影线,这就是那些逃命盘留下的痕迹。

至于说到有人利用这种大跌之时抄底介入,那是另外一个问题。退一步说,即便想买进,也有必要在反抽高抛后再做低买,或者在后市等候走势明朗化再介入也不迟。

本节案例之三:人民网(603000),互联网题材,被视为"大科创"龙头一号。(如图 2-11、图 2-12)

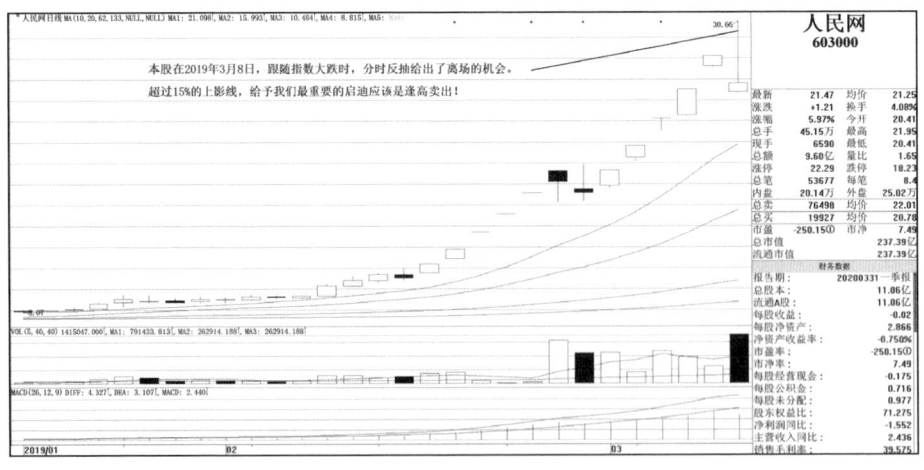

图 2-11

本股 2019 年 2 月 20 日涨停启动，启动日换手率 2.72%。其前十大流通股东持仓占比为 66.75%。其成交量要做"乘 2"处理。

2 月 21 日，本股快速封涨停第二连板，昭示了主力意图及能力。不容你仔细思量，再连 3 个一字涨停板。这是这类强势股，也是这一波行情的特点：不给你从容进场机会。

2 月 27 日和 2 月 28 日，随大盘做第一次回撤整理，应该说，缩量的长阴过 4%，还属于比较温和调整。

第二波回撤，2019 年 3 月 8 日，本股振幅加大，全天 19.49%，换手率提到了 12.8%。记住：几乎天地板，日换手率超过 12%。

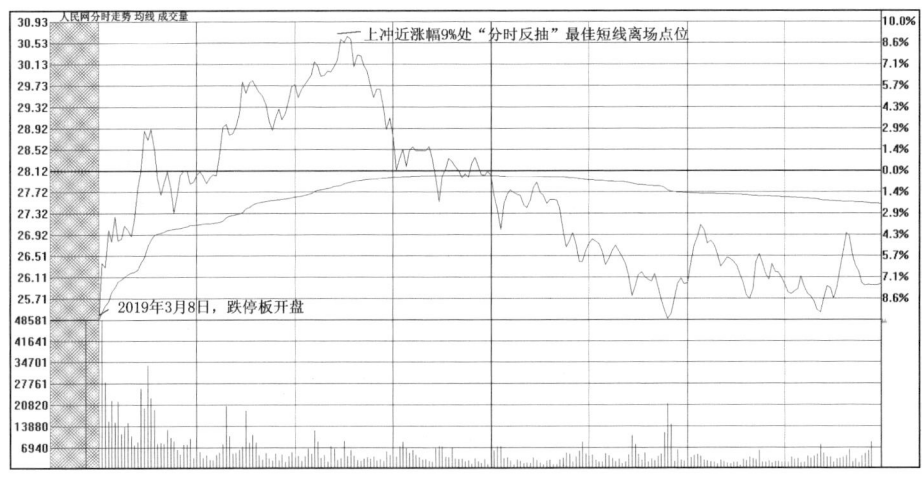

图 2-12

在 3 月 8 日这天，本股跌停价开盘，分时反抽，一路推高股价，即将再度涨停！

在这个时候，我们不要忘记——大跌之日，强势股低开后做"分时反抽"自己要"清仓离场"——这是最重要的短线操作原则。我们看到本股最后还是收跌了 7.57%。

其实，大跌之日，股价反抽的高度和强度表现为冲击到水上和滞留在水下。

它所反映的本质是：这只股票之前在市场或板块中受到尊崇、抬举认可之级别高低，并不能真正表现出今天要涨升的高度。另外，在市场整体偏弱的态势下，只有一只股票（大智慧）表现的情况下，需要洞察这种对次日还需整理的暗示信号。至少你要在第一时间做局部离场的动作。

人民网在3月8日最后留下15%长上影线，所给予我们的启迪是多方面的。

总之，这条原则要牢记：大跌之日，前期的强势股分时反抽，要懂得离场。

本节小结

本书的绝大部分内容围绕最强势股票，即涨停板的买入趋势位置和价位做文章，较少谈及如何卖出股票。本节涉及了这个话题。

从本质上说，最强势股票的卖出点应该把握住"调整第一阴"。

本节所论及的是一种比较特殊的卖出点技巧。

通过学习，我们应该掌握这个知识和交易要点，即大跌日，自己持有的升势已高的强势股，一旦低开，分时反抽都要懂得短线离场。盘中每一次反抽，都首先视为诱多行为。

除非收盘时这只个股恢复最强状态，一般来说，不是因为涨幅还不到位，就是属于最疯狂的另类表现。即使有一只半只这种股票在发疯，我们也还是采取谨慎的态度，卖出自己所持股票为宜。

第五节　短线高手须关注二板"踏雪无痕"的缺口细节

短线操作都有这样的感受，有时候机会稍微不留意就与自己擦肩而过，再追也追不上了。

本节介绍的所谓"踏雪无痕"就属于这种"稍纵即逝"的重要的短线机会。

"踏雪无痕"从本质上讲，是属于一种缺口的机会。特别是表现在涨停第二板时，这种机会更是弥足珍贵。

一般说来，一只个股出现战略性突破后，都会相伴以向上的起跳缺口。缺口作为股价的断层，无疑表现的是股价涨势凌厉的气势。

当第一个涨停板出现以后，我们大多会关注其第二天能否继续板住（要确立一种短线交易理念：不板即残）。但通常，我们对于初学者，还是建议拟用"涨停板买入法则"，保持一种稳健安全的买进操作思路。

但在这里研究的这种强势特征，它更强调的是：对一只气势强悍的个股，你一定要学会重视（首日涨停后）其第二天高开后向下回撤的止步点，以及由此所构筑的缺口。即起跳后回撤前一天的收盘价，而并不回补当日的上跳缺口的这样一种情况。

下面，我们分别以不同的4个案例来加以具体说明何谓"踏雪无痕"。

本节案例之一：银星能源（000862），新能源题材，"一带一路"概念。（如图 2-13）

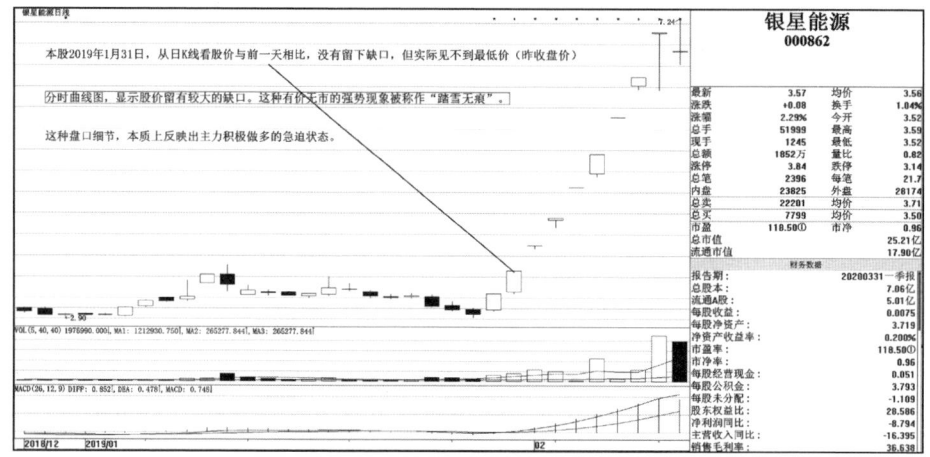

图 2-13

2019 年 1 月 30 日，本股带量（日换手率 6.32%）一小时之内封死涨停板，首日涨停即收盘价是 3.27 元。

第二天，该股再次快速封板，从日 K 线图看，是一天规范的光头光脚长阳线。最低价格 3.27 元，就是昨收盘价。但实际上，你挂这样的一个价格是买不到的。仔细看当日的分时曲线可发现，该股留有一个跳空的大缺口。这种现象说明这只股票是瞬间快速封板，但当天还真的闪现过一次 3.27 元的最低价。这叫"有其价，无其市"，就是说，你按照常规操作，恐怕是难以买到手的。因为，该股"回踩"前收盘价是瞬间的，根本不给你进场的动作。

我们管这种回踩迅疾，以至于看得见价格却买不到手，或者在分时曲线图上寻觅不到曾经出现的价格，为"踏雪无痕"。据说，古代某些轻功了得的高人，那脚踩在雪地上居然不留痕迹，说明这只股票的身子很轻，拉抬极其容易。

我们对"踏雪"即回踩"缺口"不留痕个股的要求是：股价踏雪后，必须顶板。即当天必须无条件封住涨停板，不顶板，就说明是在玩假的，因为"踏雪"的本质反映的是操盘主力的一种急迫心情。

短线高手崇尚的是"带量走得急，多为好股；无量走得急，多为骗局"。我们看到这只股一口气连拉9个涨停板，成为2019年启动行情第一牛股。

本节案例之二：亚星客车（600213），燃料电池，国资改革题材。（如图2-14）

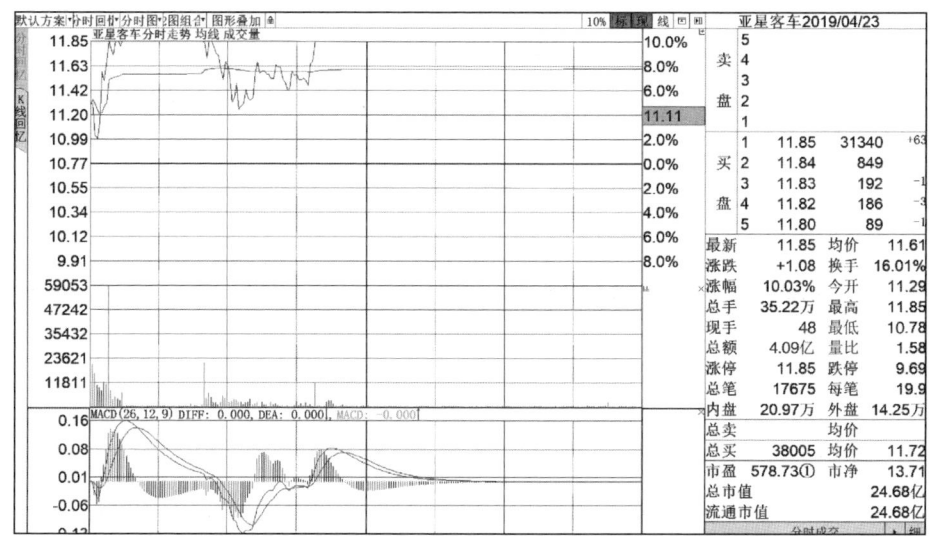

图2-14

本股2019年4月17日在大盘回撤大季线的背景下亮丽登场，显得格外抢眼。

从其技术形态的角度考量，总体仍属于"三弄季线"，或称之为"傍线起涨"。可参阅本章第三节。

4月17日，本股携量涨停后，次日小阴线切入涨停价，卖个破绽。

4月19日，高开回撤最低价格9.11元，然后直线拉升封住涨停。在分时曲线图上，看不到最低价的痕迹，仍可归属一个"幅度小的踏雪"，严格来说，算一个"舍线起涨"。

4月23日，本股回撤前一天的收盘价，而分时曲线图上形成清晰的"踏雪无痕"，但此刻股价已经显得偏高。

我们之所以把这只股票放在这里，正是为了让读者通过对比各种含有一定差异的形态加以甄别，学会观察这种强势技术的相同点和不同点，从而把握其精神实质即个股的气势。所谓气势的核心，就是看它涨起来急不急，急者，往往连板；急，就会在启动，即出"踏雪无痕"。否则就是不急，不急就要妥妥地回杀10日线去了。

炒股，特别是炒短线，必须善于从板住的个股中找出来那个最急不可待的，跟上它才能吃上大肉。

本节案例之三：深南电（000037），电热题材，举牌概念。（如图2-15）

该股2019年2月21日突然发难，一字板无量涨停，次日再拉一字。对这种股，我们说过，无量走得急多为骗局。对它，我们也保持警觉。

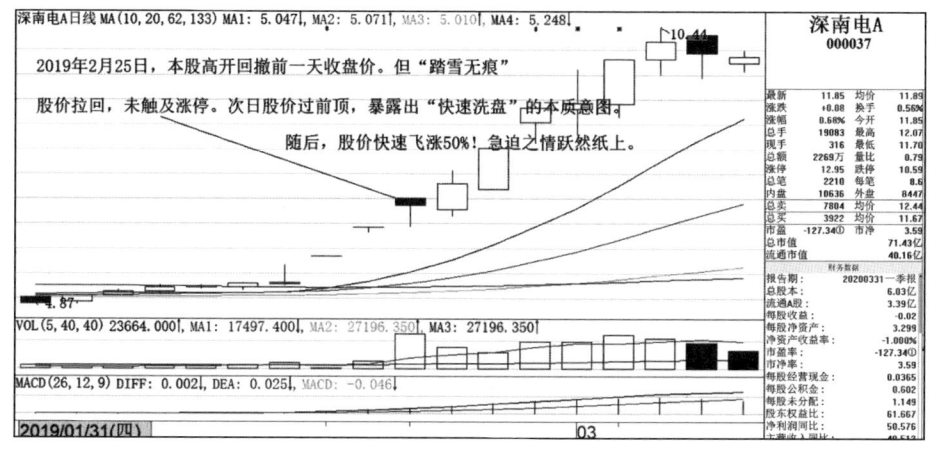

图 2-15

2月25日,该股高开后快速下杀,报收阴 T 字小实体星线。这也可算一种有条件的"踏雪"形态。

该股当日在较短的时间完成了对前 2 天获利盘的回撤清洗,成交量当天放大到 7.18%。

特别是在 2 月 26 日(参考当日分时曲线)开盘即冲,一种急迫的心情溢于言表,随后快速拉升 50%。也可将这种"未及顶板"的形态作为另类"踏雪无痕"来参考。

本节案例之四:柯蓝软件(300663),区块链龙头一号。(如图 2-16)

股市里会出现很多出人意料的事。下面再给大家展示一例"踏雪无痕"另类且显得极端的案例,这就是"柯蓝软件"。我们仅围绕该股 2019 年 4 月 2 日的 K 线来做阐述。

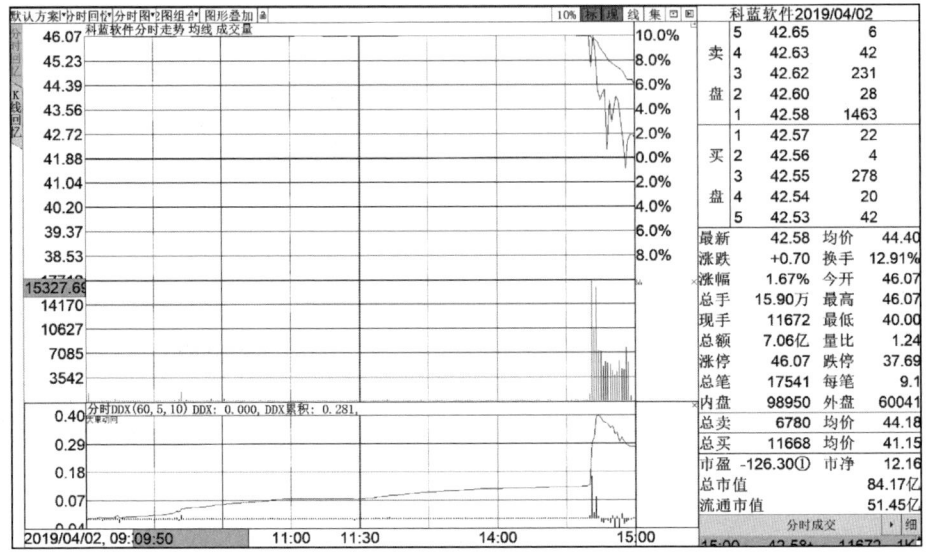

图 2-16

（上图中：2019 年 4 月 2 日，股价"炸板"跌至 40 元，但分时曲线当日显示仅仅跌到 41.80 元——"踏雪无痕"。）

在 4 月 2 日之前，该股已经涨升过一波，幅度约 80%。然后，经过一个菱形整理，在 3 月 29 日、4 月 1 日又连拉 2 板，累积了大量的获利筹码，需要清理。

2019 年 4 月 2 日，该股从 46.07 元涨停价高开，死守一字板 3 个多小时，尾市的 14:40"炸板"，股价从 46.07 元最低跌至 40 元整。

但我们从该股的分时曲线图来看，当日最低价仅至 41.80 元左右，留下了一段"踏雪无痕"的疑案。

出乎大多数人的理解，"炸板"后的 7 天里，该股再上涨逾 50%，其急切拉升的走势，令人无言以对。只不过，这种另类的"炸板""踏雪无痕"使人极端恐惧，非"九段高手"勿碰。

本节小结

市场总是有出人预料的波澜起伏，个股也总是会表现始料不及的诡异无常。

要想在市场中立于不败之地，你就必须见识各种流派，熟悉各种手法乃至伎俩。

通过本节"短线高手需关注二板'踏雪无痕'的缺口细节"你是不是有所感悟？

本节"踏雪无痕"实盘操作的难点在于，其出现的速度极快，无论它是第二个涨停板高开急杀再回封，还是多个涨停板后，顶一字"炸板"的形式，其出现都是一闪而过，不容思索。

应对的策略，只有在事前复盘时做足功课。最好是能够预选出来起涨初期的有板块效应的龙头股，一旦通过其形态、量能和拉升速度，嗅到其急不可待的味道，就要去预先埋伏，才能捕获其"踏雪"的瞬间。

当然，如果你没有对"踏雪无痕"这种细节的了解和认识，其余的一切都无从谈起。

为了加深大家对这种盘口细节各种变异形态的认识，笔者在本节案例中刻意没有选"最经典"的来给大家看。相信你在理解了本节内涵后，会在日后实操中发掘和补充出来你认为更经典的个案。在此，预祝你成功！

第六节　强势个股的一小时"双量超"技法

所谓强势个股的一小时"双量超"技法，说起来很简单，道理也不复杂。

它难在实际应用时，绝大多数人忘记了它的存在。其次是它在使用的时候，尤其强调"熟练"二字，也就是要求自己要在潜意识里，自觉地感受到它的存在及作用，并果断出手。而不能用的时候还想不清楚，闹不明白是咋回事。经过反复应用，最终才会形成一种操作的本能动作。

强势股票开盘一小时"双量超"技术含义及要点：

个股在筑底之后，股价会呈现处在"小金角启动"或者"4线聚合起涨"的有利趋势位置。

某天，股价会突然拉出一个带量的涨停板（日换手率即成交量要达到 3% 以上）。如果股价此时处在一个"突破口"的位置更佳。重点关注如下：

强势个股携量起涨后，先拉出首个涨停板，重在第二天的跟踪观察。

使用本技法，需要打开 60 分钟 K 线图，盯紧其开盘一小时后，成交量是否出现"双超"？

"双超"其一是指：换手率要大于即超越昨天最后一个小时（或者昨天开盘第一小时）的换手率。

"双超"其二是指：换手率还要同步超过昨天全天的换手率总和。

凡是同时符合上述两个量能标准的，就算是"双量超达标"。

个股换手率在前一小时"双超"后,往往还会有一个"下沉"的动作出现。可仔细观察下面的 2 个案例。

应用"双量超"技法时,还需要配合 60 分钟 K 线图的 10 日线,在其附近挂单买入,效果更好。

同步还要观察 60 分钟的分时 K 线图上,股价此刻是否立于 4 条均价线之上,且 MACD 不可顶背驰。

从本质上说,这是在构造一个"林立"的量柱工程。

通常,把握好这个短线精准的买入出手点,获利空间在 30% 以上。

这是偏爱做短线的高手必须掌握的一种基本技能。

本节案例之一:欣天科技(300615),5G,充电桩题材。(如图 2-17)

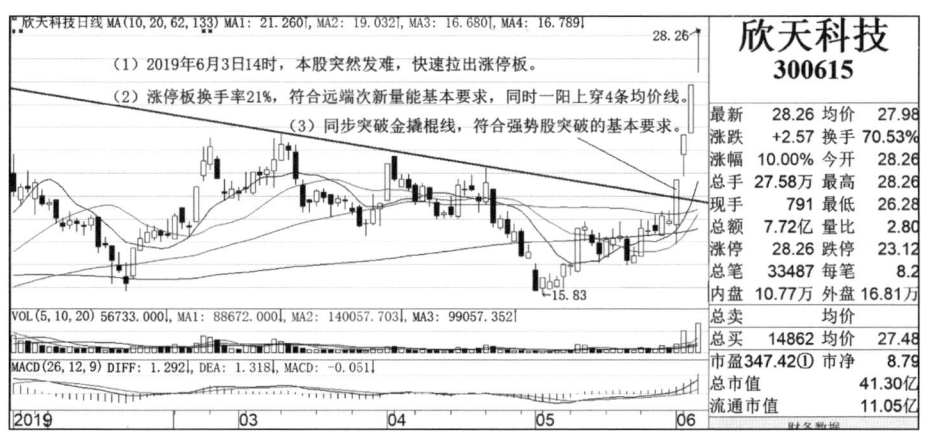

图 2-17

图 2-17 为本股第一张 K 线图,是其日线图,显示 2019 年 6 月 3 日 14 时,突然拉出涨停板。

首板日换手率为21%，作为远端次新股，这个量能基本合格。

这个涨停板的主要技术特征还包括"一阳上穿4条均价线"并且同步突破金撬棍线。

这几点符合强势股的基本要求，进入重点关注的视野。

下面是欣天科技的第二张图，是一张60分钟的分时K线图。（如图2-18）

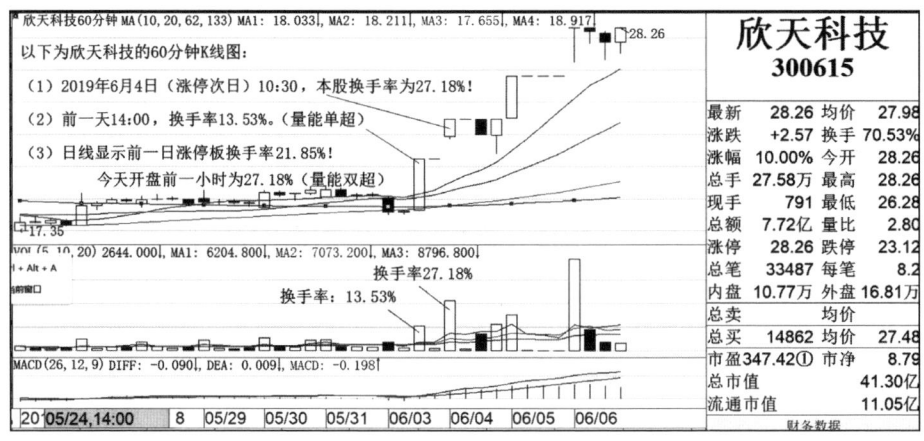

图 2-18

图2-18显示：2019年6月4日（前一天涨停首板带量）10:30，本股换手率为27.18%。

前一天即6月3日14时之"日内小时"最大换手率是13.53%，而6月4日开盘一小时的换手率远远超过前一天的最后一小时。（量能单超）

回到日线上，前一天的全天换手率是21.85%。而6月4日10:30即一小时换手率为27.18%，明显超越了前一天全天的总量。这就实现了"一小时量能双超"。

开盘一小时，"双量超"之后，本股在15时之前，有一个回撤10日线的"下沉"动作，这是本股短线最佳介入点。之后3天的涨幅超过30%。

本节案例之二：德宏股份（603701），汽车配件，稀土永磁题材。（如图2-19）

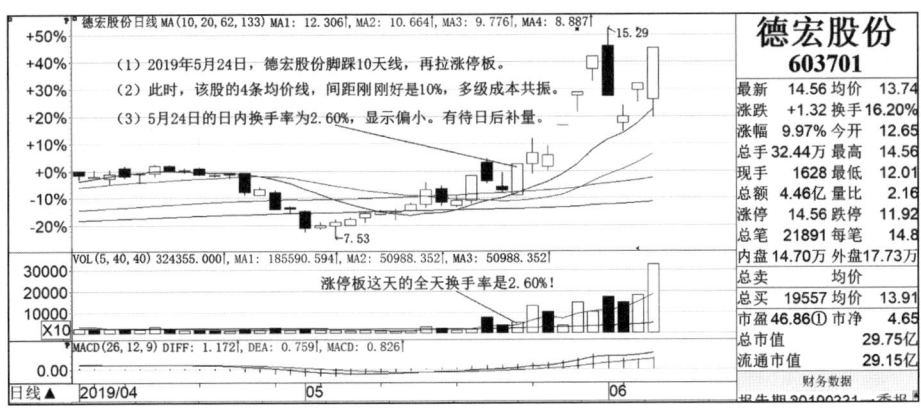

图 2-19

图 2-19 为德宏股份的日 K 线图，显示 5 月 24 日，该股脚踩 10 日均线。

在前面有一个涨停"基因板"的基础上，再次拉出涨停，确立其强势特征。

此刻，该股的 4 条均价线的间距刚刚好是 10%，说明多级成本共振。

唯一的缺憾是，成交量为 2.60% 的换手率偏小，这个需要日后补量。

图 2-20 是德宏股份的第二张 K 线图。这是一张 60 分钟的分时 K 线图。（如图 2-20）

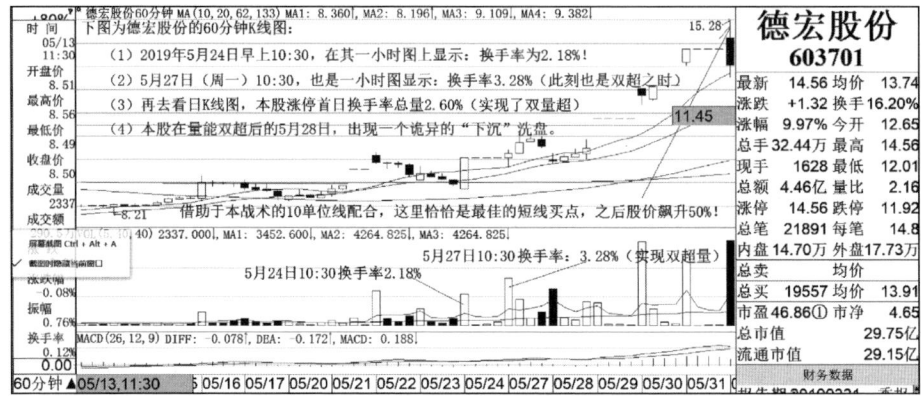

如图 2-20

图 2-20 告诉我们如下事实:

2019 年 5 月 24 日（第一个涨停板）早上 10:30，本股一小时换手率为 2.18%。

2019 年 5 月 27 日（周一，涨停板次日）早上 10:30，本股一小时的换手率放大到 3.28%。

这个就是我们所说的"开盘一小时的第一个量超"——超过了昨天最大量的那个小时量。

我们已知：5 月 27 日开盘前一小时 3.28% 的换手率也同时超越了前一个交易日全天的换手率。（这就是"双量超"）

本股在 5 月 27 日实现一小时量能双超后，在 5 月 28 日，出现一个诡异的股价"下沉"——最后洗盘。

接下来，我们都看到了，在短短 5 个交易日，股价涨幅高达 50%，再次显示了"一小时双量超"的威力。

本节小结

前面已经说过，一小时"双量超"简单易懂不难学，只要你集中思想，把这两个案例搞明白，这个技术就学到手了。

问题在于，自己看懂了不等于就会用了，还需要在实战中反复磨炼、捶打。

因为任何一只个股，即便是主力使用同一种战术技巧，也绝不会完全"按图复制"，都会有这样或那样的细微差别。

我们的学习重在掌握精华，看懂某种战术的本质意义。

一言以蔽之：双量超，实质上就是强势股起涨第二天继续实现换手率的大量承接（或补量）。

其真实目的在于随后的继续拉升，所以，常常会突然"下沉"借以完成洗盘。

请记住：成交量的放大，才是个股上涨的力量源泉。

懂得了这一层道理，就剩下具体分析每一只个股的特殊形态，以及与之相对应的策略措施了。

再重复一遍：本实战技术不在于难学，而在于学过之后你会快速忘记，变不成自己的潜意识行为。

第七节　60分钟图"量柱林立"及买入战术

喜欢操作短线的朋友们对于成交量的观察和把控，应该说都是具有一定功力的。

只有达标的日成交量保障，个股才能健康地节节向上推进。

本节给读者介绍的这个战术细节，是我们在选出强势个股、准备买入的时候经常需要用到的一种经典战术。

这种战术需要我们具备看懂分时K线的基础知识，即在个股的60分钟K线图上，某只极强势的个股必须出现连续不断的成交量"高量柱"，才能确认这只个股上涨具备持续性。

问题的难点是，我们不能等到"高量柱"出现"林立状"才发现，必须在该股的60分钟K线图上出现一两条高量柱的时候就能预见其后市必将林立并果断动手介入。

下面，我们结合4只个股的走势加以甄别，须仔细辨析其细节的异同。

本节案例之一：美锦能源（000723），氢能源，燃料电池概念。（如图2-21）

3月25日10:30，在其60分钟K线图上，出现了一条5.89%的一小时换手率高量柱。通常，我们要重点关注一小时换手率高于4%的个股。

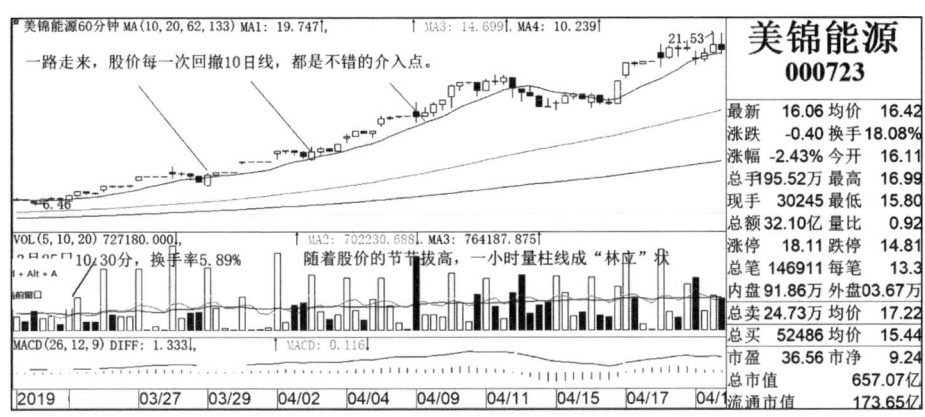

图 2-21

次日,即 3 月 26 日 10:30,又出现一条 12.96% 大换手的倍量柱。

此后,我们可以看到 60 分钟 K 线图上的成交量柱像是小树林一样,排列整齐,鳞次栉比。

股价在持续不断新高量柱的推动下,也是量高价高,新高不断。该股从 3 月 25 日的收盘价 7.33 元,到 4 月 19 日,在 18 个交易日里价格就飙升到 21.54 元,波段涨幅将近 200%,创造了又一个股市是可以"快速致富"的神话。

那么,我们怎样才能及时发现并买到这样的大牛股呢?

在本技术环节里,我们侧重于从级别较小的 60 分钟线角度来讨论:

首先,我们看到这只股票的日线级别走势,从缓慢上涨、新高不断的奔走形态到逐渐加速,成交量始终维持一个放大再放大的态势。通常说来,这种新高不断、涨停不断的个股就叫作"换手推进定式"。

其次,这种定式在其 60 分钟 K 线图上,大部分会表现为每天开盘第一小时就出现一条"高量柱",天天如此,排列成林——这就是我们所说的成交量细节之"量柱林立"。遇到这种情况,务必在刚刚出现一两根高量柱时候密切关注,紧盯不放。

最后，在其 60 分钟 K 线图上会表现为股价回踩 10 单位线而不破的情形，这就是我们最好的进场点。

本节案例之二：银之杰（300085），软件和信息技术服务，2019 年度大金融题材的龙头之一。（如图 2-22）

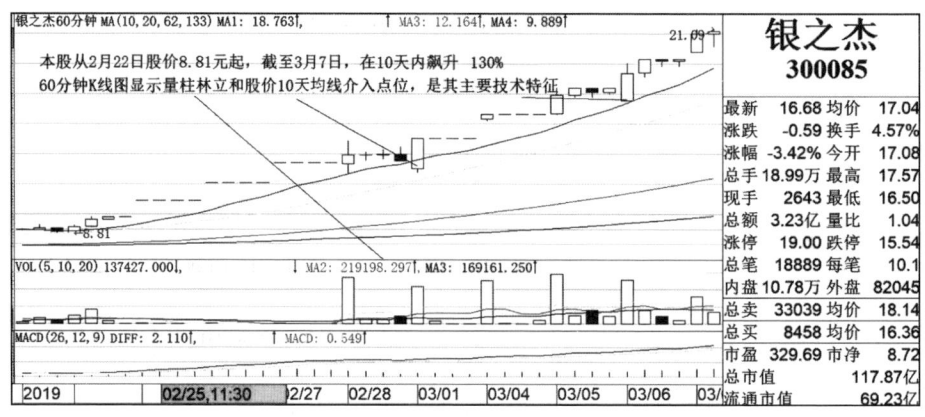

图 2-22

图 2-22 是银之杰上涨初期的 60 分钟 K 线图。

从图 2-22 中，我们看到 2019 年 2 月 22 日，股价最低 8.21 元；3 月 7 日股价涨到 21.09 元，飙升幅度逾 130%。

成交量柱状线图，呈现出"量柱林立"态势。

分时 10 天均线，至少给出我们 3 次的介入价格点位。

如果自己能够用心领会，再牛的股票都有破绽，都会给予我们"上车"的机会，但只在于自己能不能看得懂并果断出手，并且还要买得多。唯此，你才能够实现彻底改变自己命运的"华丽转身"。

本节案例之三：全柴动力（600218），燃料电池龙头股，2019年春季行情的大牛股之一。（如图2-23）

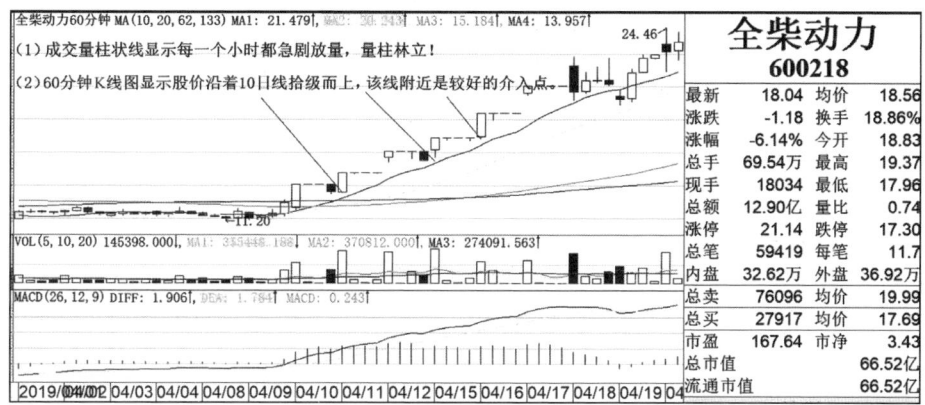

图2-23

这只股票，安阳相信读者朋友都不再陌生，凡是阅读了本书第一章的朋友，都与之神交久矣。

我们不再重复笔墨，将其1月份起涨初始的完美形态略去（有兴趣的读者可以参阅第一章）。

我们仅截取该股2019年4月10日"傍线起涨"这一段的60分钟K线图来审读。

4月10日开始到4月22日，9个交易日中，该股股价再次翻倍。

我们依旧回到本节的技术环节"量柱林立"来考量，是不是十分经典？

在成交量急剧放大的同时，股价节节攀升——至少有3次可从10单位线附近找到介入点。

本节案例之四：福安药业（300194），医药行业，工业大麻题材。（如图 2-24）

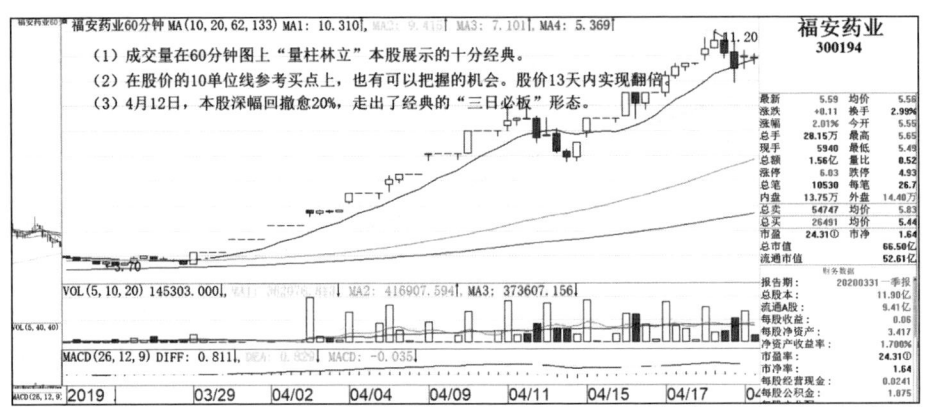

图 2-24

本股从 2019 年 3 月 17 日起，到 4 月 19 日，升幅逾 200%。

我们仅从放大了第一条分时量柱线之日（4 月 3 日）来说。

4 月 3 日当天的一小时量柱换手率显示为 14.87%。这是该股打开涨停一字板的第一条分时高量柱。随后，该股出现了经典的 60 分钟分时"量柱林立"。

股价也随着量能的渐次置换，从 5.30 元推升到 11.80 元，升幅超 100%。在此期间，股价也多次回靠 10 单位线。

所谓回撤，包括 4 月 12 日一次深幅回调，幅度约 20%，给了我们"上车"的机会。至于如何敢于在这种深幅回撤中及时跟进，这属于"调整必板，不板必走"技术套路的范畴，不属于分时线研讨范围，故不赘述。

本节小结

我们做股票,不单单只需要研究日K线,还要学会看分时K线。

至少在做强势股的时候,离不开看60分钟和5分钟K线图。

60分钟图比日线小一个级别,它的特点是可以更加灵敏地反映个股的短期变化。

我们在日K线上看不清楚的地方,60分钟图可以清晰地反映出来。

也就是说,不论个股是走强还是变弱,在60分钟图上,我们都能提前一步发现它的信号。

60分钟图和5分钟图,看上去似乎不值得研究,但你须知:这个小天地里掩藏着大乾坤,是我们实战不可或缺的重要工具。

本节仅仅从成交量的"林立"之技术层面,展示了强势股票的特征之一,并告诉我们如何在观察量能的同时及时利用10单位线做买卖点的选择。

记住,这是短线操盘的基本功夫,但却是你的交易体系里不能或缺的一个环节。

第八节 强势调整后的"牵起牛头"短线技巧

所谓"牵起牛头"指的是强势股在横盘整理结束后,又即将启动上涨的信号。

其技术特征是:在60分钟K线图上,先走出来回撤60单位线形态,通常是3次回踩60单位线(不可破位)。然后,再度拉起股价,常伴随一波30%以上的涨幅。它是短线获利的一个重要手段。

本节案例之一:赤峰黄金(600988),有色金属,黄金股,固废处理题材。(如图2-25a、图2-25b)

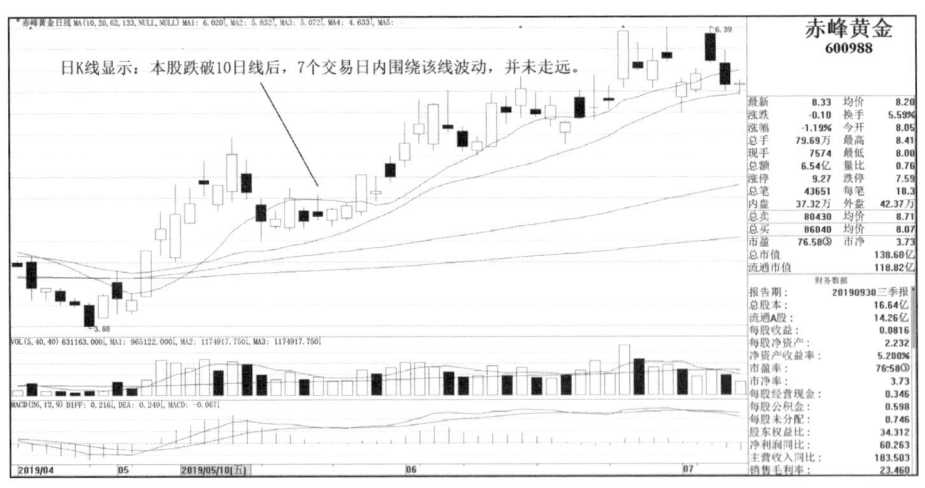

图2-25a

图 2-25b

2019 年 4 月 29 日，该股从 3.88 元起涨，可见 5 月 8 日一条长阳"芙蓉出水"，换手率 5.16%，临界启动。

涨了 40% 以后，5 月 17 日出现"调整第一阴"跌幅 6%。长阴长柱，意味着步入回撤整理。

日 K 线显示，跌破 10 日线 7 个交易日，但并未远离生命线。（参看图 2-25a 日 K 线图）

此刻，在该股的 60 分钟 K 线图上，呈现出股价水平移向 60 单位线的走势，类似日 K 线上的"傍线"。

在股价向 60 单位线靠拢时，一般需要反复两三个回合，但不得打穿 60 单位线。（如图 2-25b）

5 月 29 日，长阳带量拔起，股价再次上涨。20 天后，升幅约 30%。此形态谓之"牵起了牛头"。

牵起牛头，要想成功，越是在低位起涨之初，效果越好。

在股价处于"突破远平线"时，其赢率最高，远平线支撑了股价回撤。所以说"牛头牵在突破口"。

本节案例之二：银河磁体（300127），稀土永磁题材。（如图2-26a、图2-26b）

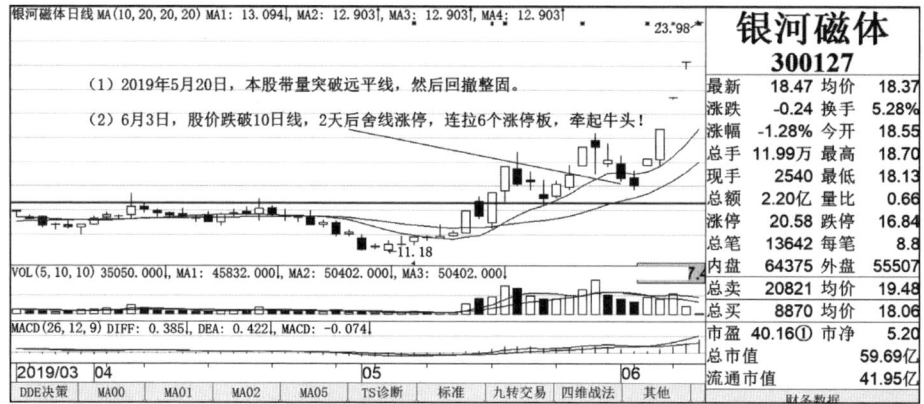

图 2-26a

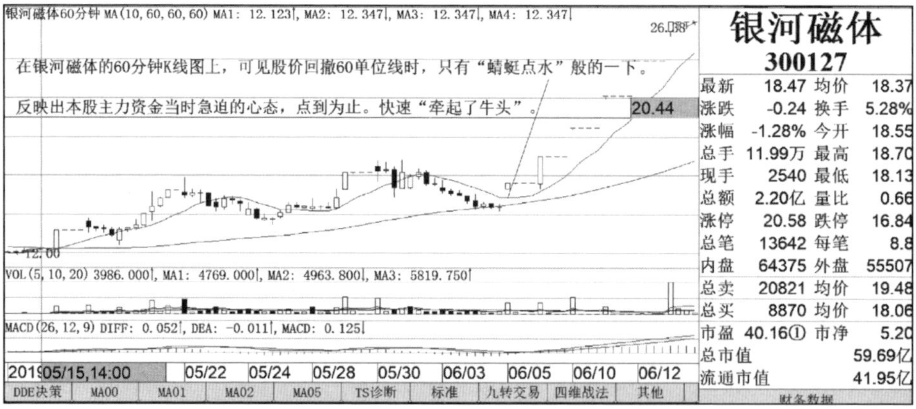

图 2-26b

本股 2019 年 5 月 20 日带量（日换手率 8.13%）突破远平线。

在日 K 线上，可见 5 月 24 日做回抽确认突破有效性的动作（务必打开你的 K 线图对照）。

6月3日，股价向下击穿10日线，共计2个交易日，依托"突破口"有强力支撑。

6月5日，本股翻身向上，急拉涨停，结束整理，并连续6个涨停，彰显了"牵牛头"的巨大升幅潜力。

以上案例，再次验证了"牵起牛头"在股价突破口容易获得支撑，取得成功。

一般说来，"牵牛头"要求回撤整理时，股价不能跌破20天均价线，整理的时间不超过13个交易日。

本节案例之三：翔鹭钨业（002842），稀有金属题材，反制概念。（如图 2-27）

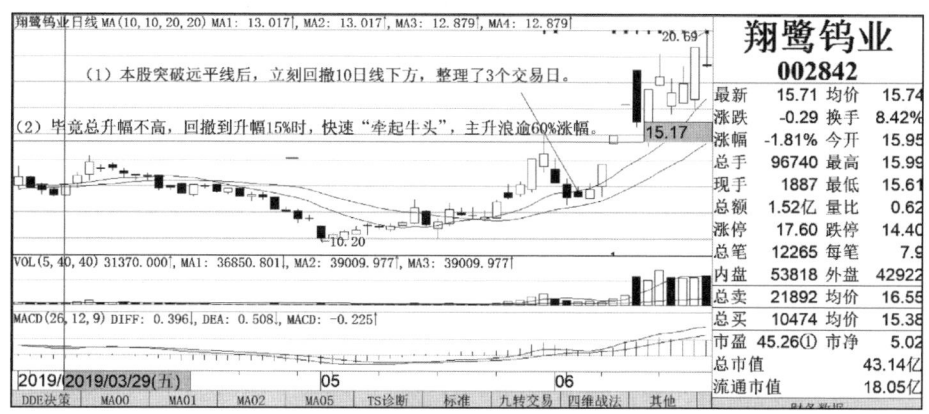

图 2-27

翔鹭钨业的日K线简洁明了。从2019年5月6日起涨时的股价10.20元，到6月21日结束上涨时股价20.69元，股价实现翻倍，历时33个交易日。

其间,有一个十分经典的"牵起牛头"的动作,即2019年6月4日股价缩量跌破生命线。

在生命线下方,也仅仅是停留了短暂的3天,就快速涨停板拔起,并一口气涨升超过60%。

可见,"牵起牛头"的战法只要你能把握准确,在强势股票步入调整时密切跟踪,一旦调整结束,给出"拉升牛头"的信号,即刻快速出击,便可进入一个新的股价快速上涨周期。

这是捕捉个股主升浪的一个重要技术手段,一般涨升幅度均不低于30%。

本节小结

"牵起牛头"技法,是一个简单易学的实战套路。

主要的关键点在于:必须把这种技术烂熟于心。只要一看到这种图形,不假思索就会跟踪追击,特别是在突破口附近,即"牵牛头"成功率最高的趋势位置,不要大意。

其次是,这种形态在日线上,就是股价回撤10日生命线,并且破线。这看上去是犯忌讳,但现实的实盘博弈,这种情况比比皆是。问题的关键在于突破生命线之后,还会走多远?我们一般谨记"10日线上十字星"就算把握住这种技术的核心了。

在60分钟K线图上,股价创出新高后,总需要有个新量才安全,所以必须同步创出新高量。

60分钟K线图上的60单位线应该有一种精气神儿,总不能弯下头吧!

还有一点需要强调：股价回撤60单位线，不论2次还是3次，都不可以击穿这条线。

可能还有一些细微的差异，在股市的实战中，有待看官不断补充和完善。

任何理论著作都只是对某一个阶段真理的揭示和总结，只能开辟发现真理的道路，而不可能终结真理。我们的使命本质上就是不断探索和发现真理（包括理论）指导我们的实践。

第九节 江恩线突破上边沿线技巧

这里所说的突破江恩线，实际上是运用画线系统即"切线理论"研判股价的阻力与支撑位的技术。需要读者具备初级的画线技能，了解江恩线的使用方法。

一般说来，江恩线的上边沿线的阻力最强，普通的反弹到此为止。

但是，如果股价来到这里的时候能够放量并且向上跳空，就是一个突破的定式。

本节案例之一：宏辉果蔬（603336）。（如图2-28）

宏辉果蔬在2018年春季反制美国增加关税时曾经有过一波表现：股价从9.90元涨到24.45元止步。开始一轮深幅回撤，一直跌到2019年1月31日的10.91元，跌幅高达55%。请看该股在2019年年初的表现：

2019年伴随大盘启动，4月1日股价反弹至15.58元；再次回杀到4月30日的12.04元。本轮凶狠急跌的幅度为22%。股价做一个欺诈动作，击穿半年均价线。

随后，本股又一次展开攻势，5月7日股价涨停板，成交量23.49%，高换手，并且一步跳上了江恩线上边沿线。我们认为，这是一个最佳的突破介入点。

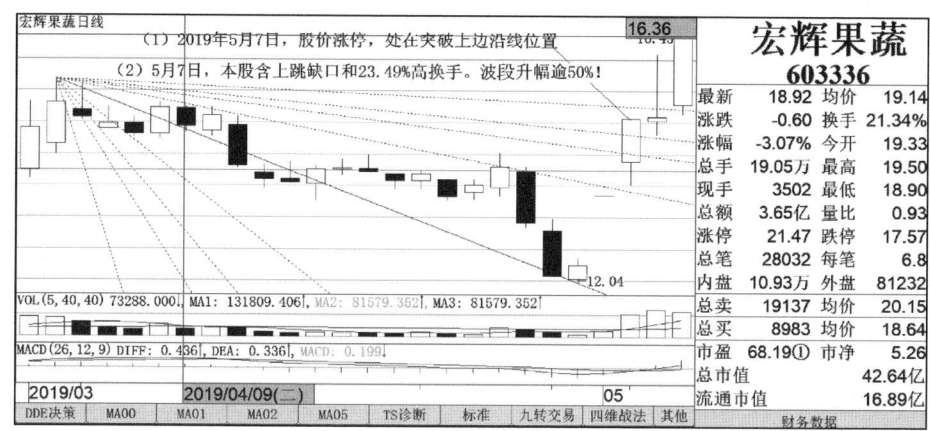

如图 2-28

从这一天算起，在 8 个交易日后，本股涨幅超过 50%，短期盈利可观。

本股截图可参阅 2019 年 4 月 1 日至 5 月 17 日之间日 K 线图。这是一个短期垂直下跌幅度为 22%，突破江恩线上轨快速上涨的代表性个案，却并非涨幅最高的案例。

本节案例之二：欣天科技（300615），5G 题材，新能源充电桩概念。（如图 2-29）

欣天科技 2019 年 6 月 3 日下午突然发难拉出涨停板，换手率 16.81%。

第二天（6 月 4 日）本股向上跳空，所留缺口全天未能回补，两次开板，惊而无险。最后完成回封板，把全天换手率放大到 40.19%，并且一举突破前顶，站上了江恩线的上边沿线。

检视本股，波段下跌的垂直幅度为 33%。从突破江恩上轨，快速上涨接近 100% 看，可以算得上一个比较经典的案例。由此，江恩上边沿线突破后的力度可见一斑。

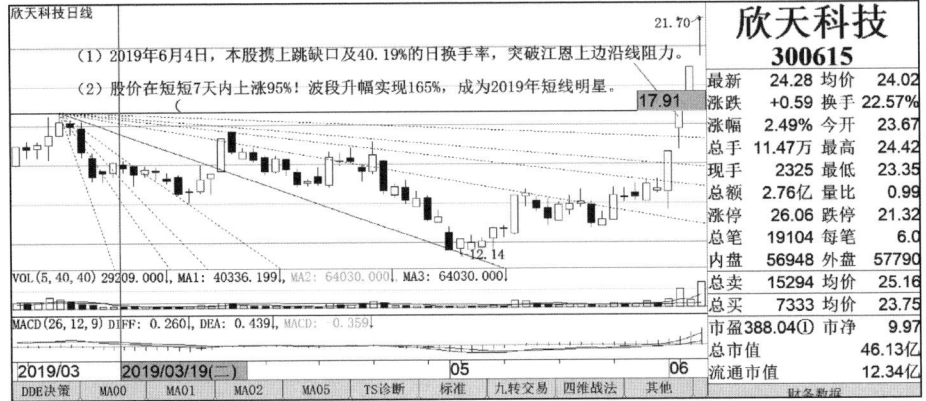

图 2-29

最值得我们总结和把握的技术要点是什么？一个是缺口，一个是量。

本节案例之三：宏达电子（300726），航天军工题材，芯片、华为海思概念。（如图 2-30）

宏达电子在 2019 年初股价从 15.09 元上涨到 23.30 元（截至 3 月 12 日）。

随后股价开始回落，直到 5 月 8 日，股价跌回到 16.35 元，跌幅约 30%。

2019 年 5 月 10 日本股涨停启动，并连续推高股价。5 月 20 日也类同本节前面的案例，一举跳空涨停板带大缺口，冲刺江恩线的上边沿。可惜的是，当日换手率仅有 9.93%，而前一天的换手率还达到了 14.31%。这是明显的突破口量能萎缩。

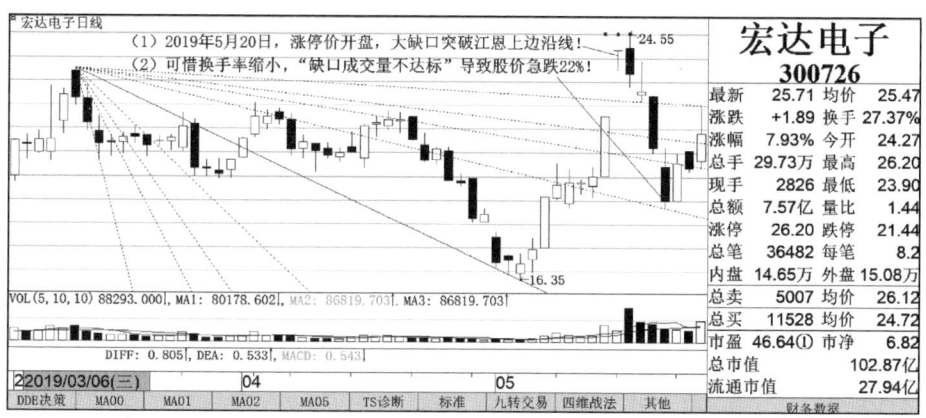

图 2-30

由于成交量不符合要求，导致本次向上突破江恩上边沿线宣告失败，仅仅 4 天，股价就下跌了 22%，让盲目追买的资金吃一碗大面。

该股在后续的走势中，虽然又缓缓拉起，但这一波江恩上边沿线"突破失败"表现出来的"缺口无达标量配合"堪称经典。它警示我们，今后再遇到类似形态位置，最好不要一时性起，仓促追买，后果很严重。

本节案例之四：金力永磁（300748），电子设备制造业，稀土永磁题材。（如图 2-31）

本股是 2019 年 5 至 6 月间的一只大牛股。

该股总升幅达到 300%，成为市场当时最抢眼的人气指标股。

检视本股起涨初期的技术走势图，不难发现江恩线的神奇作用。

本股是一只上市不久的近端次新股，随着稀土永磁题材而崛起。

比较明显的技术特征是：它在临近启动之前，挖了一个技术深坑。该坑从 2019 年 4 月 19 日开始到 5 月 20 日结束，历时一个月。陷阱坑的深度为跌幅 32%。这个坑"坑杀"了一批死搬教条、不善"与时俱进"的

"儒生"。它同时也打造出了一个江恩扇面线的最高和最低价，为江恩线在这个趋势位置展现其神奇提供了一次绝佳的机会。

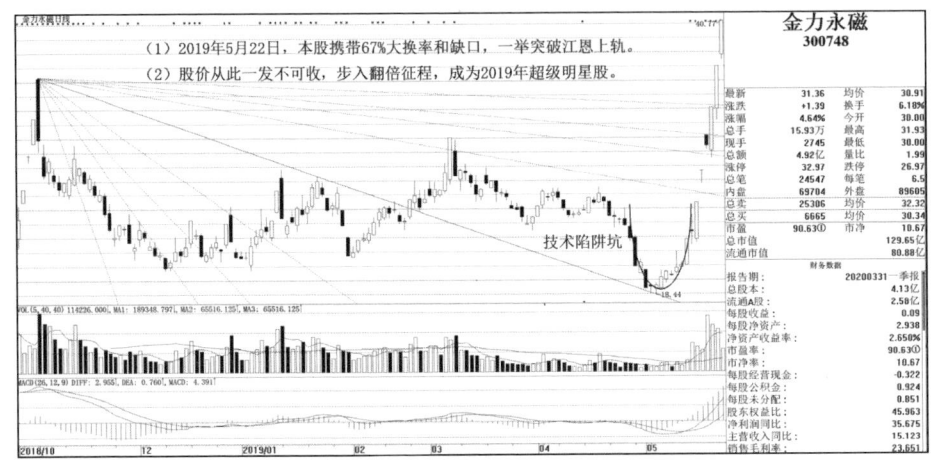

图 2-31

如果我们以该股 2018 年 11 月 5 日最高价的 36.21 元为回撤起点的话，股价跌至 18.44 元（2019 年 5 月 8 日），最大跌幅约 50%，腰斩股价。

2019 年 5 月 22 日，本股跳空开盘后回落，缺口未补，日换手率高达 67%。

第二天，反包阳线再次放量涨停。这一天的收盘价是 33.69 元，从此一发而不可收，股价一直涨到 74.75 元！

本股在一路上涨的过程中，并没有太多的人跟进获利，主要是"恐高"。其实，在本股带缺口和大换手率，突破江恩上边沿线时，那是一个绝佳的进场点。

本节小结

很多进入股市的朋友炒了好几年股，竟然不会画线，也就是不懂和不会使用切线框里为我们提供的画线工具。这真的如同缺少了一条胳膊。

画线技术是帮助我们预先测定股价未来强阻力位及支撑位一个重要的工作助手。有了它的帮助，你就不再是一个人单打独斗，仿佛身边坐着一位小参谋。

当然，这个参谋需要你对他进行调教，你需要清楚地告诉他你需要什么。

江恩线无疑是你最重要的一等参谋。它的上边沿线其实是一道难以逾越的坎儿，绝大多数反弹都止步于此，一旦带量突破，那就是你所看到的本节所展示的"欣天科技""金力永磁"般的神奇伟岸。但你要先掌握其脾性（并不是很难），满足它的基本要求，它才会服服帖帖为你工作。

第十节 "踩线过顶"稳健投资的获利法宝

这里所讲的"踩线过顶"是指一个特定的位置,并不是说在个股的任何一个趋势位置,只要股价踩着10日线,拉一个板,都能算是"踩线过顶"。

也就是说,不仅要求我们搞清楚所踩的线是10日生命线,更要弄明白它身处何处、它的斜率是不是改变、它与上升趋势线是不是黏合在一起,等等。

这里的"特定的位置"一般是指个股突破"远平线"之后,形成一个上升的趋势通道以后的位置。

在这个上升的通道内,每一次回踩10日线,并带量突破前面出现不久的"顶",就是我们这里所说的"突破近顶""过顶"——越过了近期的"顶"。

本节案例之一:山东黄金(600547),有色金属,黄金股,避险概念。(如图 2-32)

山东黄金,从其短线走势看:该股在2019年6月3日携带"苏醒量"突破了"金撬棍线"(即中长期下降趋势压力线),然后稍加修整,向10日线靠拢且10日线的斜率未变。

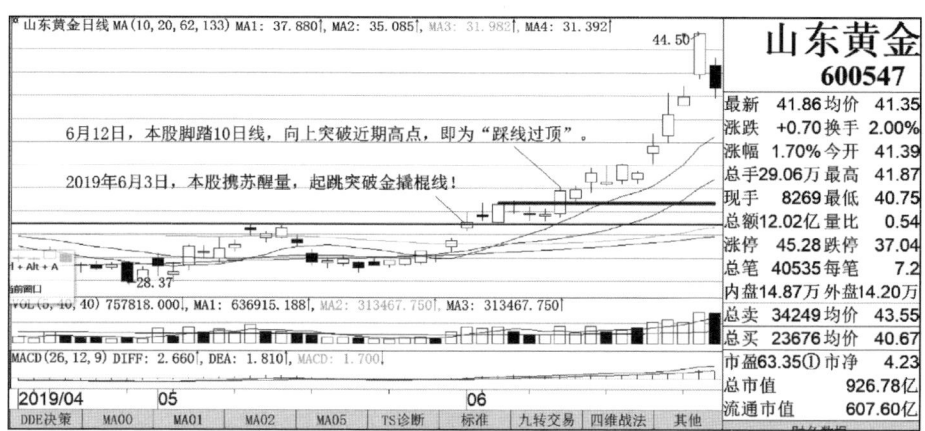

图 2-32

该股 6 月 12 日这一条日 K 线，即可被我们认定为"踩线过顶"。其含义是指，这一天该股的股价向上突破了近期一个水平阻力位。技术上要求这条 K 线要"脚"踏住 10 日线并同时突破前方的一条实体 K 线的高点。它意味着解放了近期的套牢筹码，股价还要继续开创新高。

山东黄金突破这个短期的"顶"后，截至 6 月 15 日，升幅只有 35%。看上去似乎并不算涨得很厉害，但我们研究个股的形态，有时候不能单纯以升幅论英雄，旨在探求个股在这个位置为什么能够涨起来，导致它上涨的内在逻辑和动力是什么。只要符合这些逻辑那它就具备启迪的价值，它就算是一种可以复制利润的经典。

山东黄金在此处的上涨得益于两点：在上升通道里，一是生命线的支撑；二是股价突破了前期的高点，解放了套牢盘。如果是处在历史的高处，这种"过顶"的价值更高。

股谚"离线入线都会错，只做守线刚突破"说的就是这个道理。

本节案例之二：泰晶科技（603738），半导体，华为海思概念。（如图2-33）

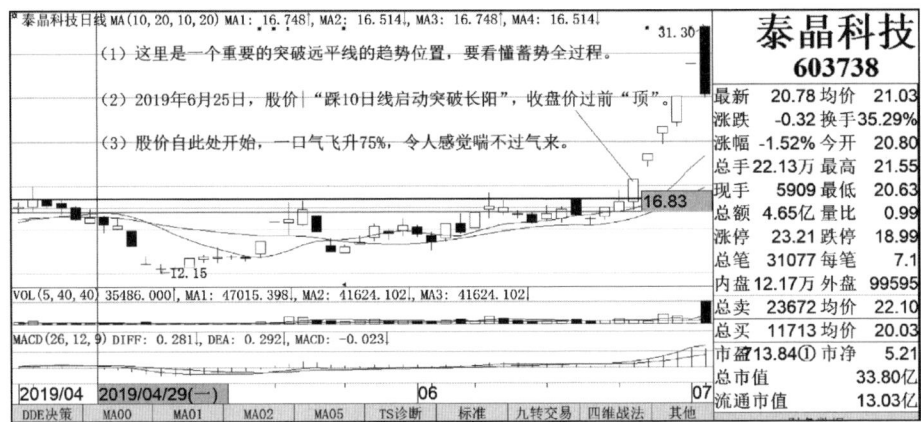

图2-33

该股从2019年5月8日的12.15元起涨，一直到6月24日，整整磨叽了近2个月，才完成了筑底工作。

6月25日，该股开盘后快速封死涨停，全天未见开板，此刻其趋势位置：向上一举突破远平线。

6月25日的这条K线是一条十分经典的脚踩10日均价线，向上突破前面"顶"的伟岸长阳线。

只有成交量稍显不足。如果你能够仔细揣摩这2个月里它是如何小心翼翼、窄幅横盘蓄势的过程，你就能读懂这条缩量阳线的内在含义。

随后，该股当仁不让，基本上不给我们机会，就上蹿了75%的升幅。

为什么说这种"踩线过顶"定式是稳健投资的法宝呢？这就要求你善于看懂它在突破前蓄势时间段的蛛丝马迹。这种股大都喜欢蓄势时"静若处子",一旦突破便"动若脱兔",令人触手不及直接冲板。

尤其本股,处在高级别远平线突破的趋势位置,更需未雨绸缪,力争买在"突破之前",若等着"踩线过前顶"往往来不及。所谓"紧盘突破,不会买错",在这个位置,"踩线突破"表现得淋漓尽致。

本节案例之三:五粮液(000858),酒类、一线蓝筹、大盘指标股。(如图2-34)

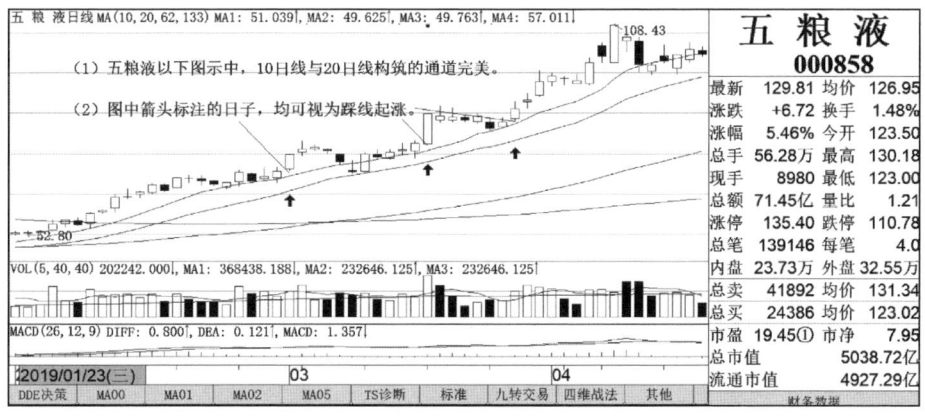

图2-34

我们研究个股"踩线起涨"这个技术特征的时候,有一个基本点不能忘记,那就是这个股票它必须是处在上行的通道里面,总的趋势是向上且新高不断方可。

一般说来,这种股票的10日线和20日线应该构成一个上行的通道。例如五粮液2019年1月7日至4月9日的这一时段,股价每次回撤到10日线附近,就会被新的做多资金顶起来中阳线。

那么,这一条中阳线就是本节我们所说的"踩线过顶"之阳。

例如图 2-34 中标注的 2019 年 2 月 25 日、3 月 18 日、3 月 27 日等。

这些日子应该视为比较理想的买进时间点位，如果有成交量放大配合，效果更佳。

本节案例之四：雪浪环境（300385），环保题材，固废处理概念。（如图 2-35）

图 2-35

本股从 2019 年 1 月 31 日股价 12.73 元起涨，到 4 月 22 日最高价 25.40 元，股价实现翻倍。

其间，该股的通道完美，走势舒缓，节节拔高。

如果我们参与其间，就会更深切地感受到，这只股票其实只有两次最佳介入时机。一次是 2 月 18 日，股价"踩线过顶"；一次是 4 月 1 日，依旧是股价"踩线过顶"。

其他的日子买入，不是股价离线买得高，就是股价跌破生命线，令人惴惴不安。

这就要求我们，对一些已经走出趋势的股票，要力争尽早介入，不宜拖沓；只要它新高不断创出，股价一路奔走向上，就要以持股为主。只有在股价翻番，形态出现趋弱变化时，我们再考虑及时了结。

行股之人必须明白一个道理：任何一只股票的K线图，都是用钱堆起来的。

从股价上可以读出来强弱，更能够读出来操盘主导资金的个性特征。做股票从本质上说，是你在和别人斗智斗勇。你还要记住：主力也有没钱的时候，也有喘息的时候；也不会天天做多，时刻斗志饱满。只不过，我们不要在他们冲刺的时候，自己掉链子；我们也不要在他们胜利逃亡的时候，自己去支撑股价，我们是撑不住的。

本节小结

"踩线过顶"的买进技术，有时候会被人忽略。这是由于此刻股价往往是在上行过程中，市场背景往往也是一片热络。很多人怎么买都有钱赚，也就变得不大用心辨识它的存在和作用了。

"踩线过顶"在使用时和"死守命线"以及"穿线起涨"结合起来，效果更好。

"踩线过顶"对于中、长线资金在持股过程中及时做好价差、降低持股成本会有很大帮助。

因为在我们对生命线属性的认识里已经建立了"穿、踩、离、破"的概念，只要在我们的交易过程中有完整的体系支配，就能应对各种复杂局面，让自己牢牢地把握对市场的主动权。

第十一节 以弱示人的"入线阴"诈线技法及其他

这一节,其实作者准备了好久,却迟迟没有动手写。为什么呢?

"入线阴"在不同的指数背景下,变化万千,常常令人深度怀疑自己的眼睛。

因为它本质上是一条"欺诈K线",但主力资金又必须把它做得天衣无缝,甚至让一些高手都看不出来,乃至上当受骗。

所以,识别出来一条"欺诈线"是一件很难的事情。

唯其难,如果你很幸运,竟然识破它了,好,祝福你至少也可以收获30%的盈利于囊中。

运气再好点,碰上一个大资金主力玩弄的这种把戏,你的资金就要翻番了。

有朋友或许不信,安阳说得太玄乎了吧?言归正传,以例为证。

2018年只要是在股市里博弈的人,都不能说不认识"东方通信"吧?

本节案例之一:东方通信(600776)。(如图2-36)

东方通信股价从3.70元一口气飙升到41.88元(截至2019年3月8日),股价翻了10倍还多。

这只强悍的股票在其起步时,就玩过一次"入线阴"的这种鬼把戏。

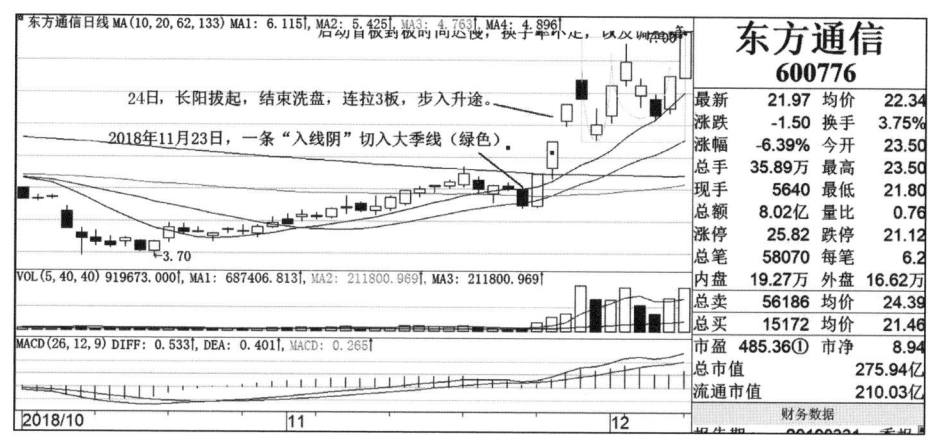

图 2-36

大家请看，该股 2018 年 11 月 23 日的这条长阴线，股价一天击穿 3 条均价线。

本来股价从 3.70 元一路小阴小阳，向上攀爬顺着 10 日均线已经步入了上升的趋势通道。突然，来一条阴线，向下把通道打烂，切入大季线（62 日线），这就叫"入线阴"。

那么，是不是真的"吾命休矣"？非也！

在有的教科书里，称这种入线阴叫"最后吞噬阴"。也就是说，这是在股价真正启动之前的最后一次洗盘。

请看，东方通信在第二天是不是带量涨停板"拔起"，然后连拉 3 板？

实际上，这只股票严格地说起来，就是从这条"入线阴"正式步入翻 10 倍征程的。

因为，我们都知道，买得越低，股价快速拉离你的买入成本区，你就越能够经得起后面的各种洗盘、打压的风浪，因为你占着价格的优势。而"入线阴"就是给了你买在一只个股开始大涨前夜最后清洗浮筹的时刻。

正是在这个意义上，我们说"入线阴"是一条"诈线"，就是要把你

"诈唬"出去的看似恐怖的骗线。

本节案例之二：湖南发展（000722）。（如图 2-37）

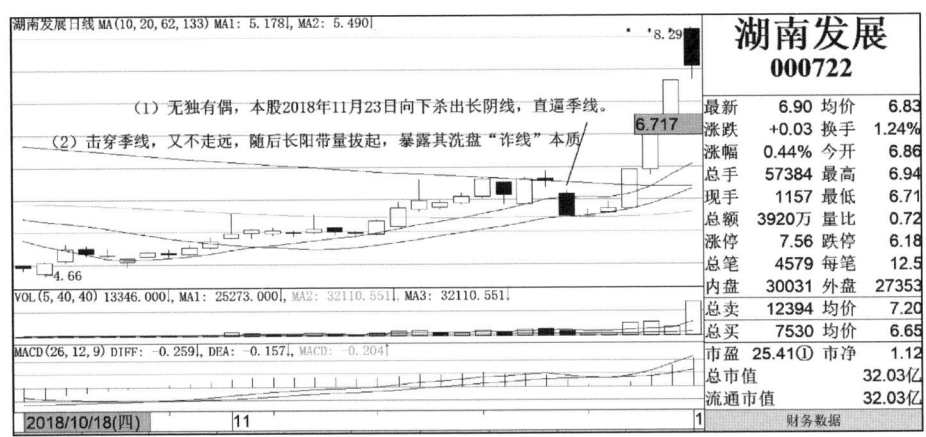

图 2-37

这只个股，我们并不很陌生，前面讲成交量时曾经说到过它。

本节，我们来看它在突破前的表现。

2018 年 11 月 23 日，该股也是采用长阴线杀跌，扑向大季线。但它杀破季线后，却并不向下走远，随后，两颗小星企稳。11 月 28 日，带量长阳拔起并随后连拉 3 板，揭示了其 11 月 23 日的"入线阴"纯属"诈线"的庐山真面目。

我曾经说过，市场是一回事儿，你的能力是另一回事儿。你对市场各种稀奇古怪现象的适应力以及对市场的把握能力完全又是一回事儿。

我的体会是，你对市场把握得越精准、细致，识别真假的能力越强，你的应变措施就越得力，你的胜率就越大。

而困难的是，在不同的时期、不同的阶段、趋势的不同位置，乃至在这个月和下个月的不同日子、不同的个股身上，市场所需要我们具有的应对策略和思路都不完全相同，我们都不能用同一种战法去做。但遗憾的是，95%的人，特别是中小投资者，都因为不懂而做不到。做不到也就罢了，却还自以为是、自作聪明，用一个模式来回乱套，这就难免会一错再错，陷入一个怪圈，这才是最为可怕的事。

本节案例之三：力源信息（300184），5G、芯片概念、华为海思题材、填权概念。（如图 2-38）

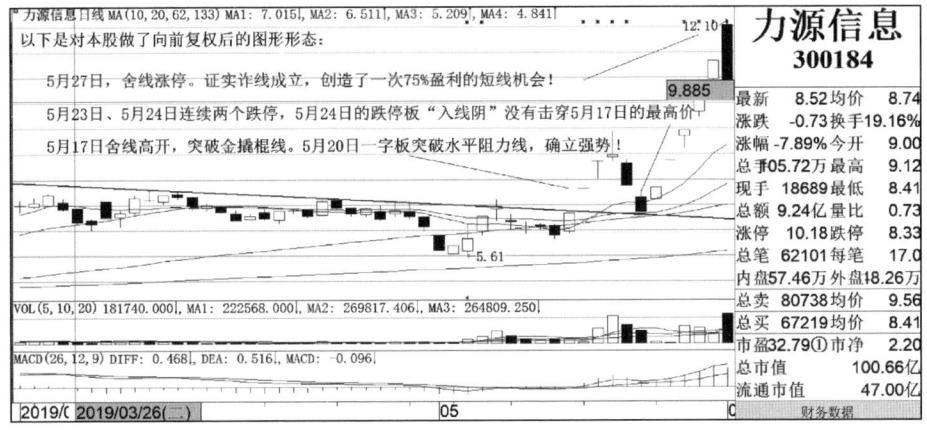

图 2-38

人们吃的亏多了，对欺诈骗线的识别能力也在逐步提高。这就迫使主力资金做"诈线"的水平也"与日俱进"，甚至日臻完善以至"炉火纯青"。

请看，2019年5月24日的"力源信息"这条"入线阴"就属于"诈线"中的佼佼者。

一般说来，一只强势股票连续拉出带量的涨停板之后，都不会出现力度过大的"回撤"。因为这容易叫猜得出底牌的高人钻空子——"抄底"，而力源信息就属于"艺高人胆大"的反其道而行者。

5月23日、5月24日该股连续两天跌停板，入线阴杀入10天生命线。

这种力度一般人都受不住，会纷纷缴械投降，交出带血筹码。

因为它斩断了你所有的幻想，你会认为坚守下去就剩死路一条。

但是，5月27日，该股几乎一字向上跳空开盘，连续拉出6个涨停板（第6个炸板）。

回首细细品味，这简直就是一个局，一个完美的阴谋。但它的主力就是这么一个干法。

睁大眼睛仔细看：5月24日，该股阴线缩量站到了起涨第一板（5月17日）头上，且还有3分钱的缺口未曾回补。（该股主力利用了除权造成的人们判断容易出现失误的机会。）

我们在此做两个假设：

（1）假设你在这条阴线满仓介入，那会是怎样一个结果？——6个交易日，你的资产近乎翻倍。

（2）假设你能读懂5月20日的突破阳线，判别它真假突破的方法是什么的话，你会不会对5月24日的阴线恐惧呢？

好了，一切都已经成了过去。股市里边没有"如果"也不存在"假设"可言。股市只有十分残酷的现实。所以有股市前辈早就说明白了，在这里你"要么忍，要么狠，要么滚"。

以上所述，就是"诈线"的神秘和诡异，同时也告诉了我们，只有识破"诈线"，你才能算真正合格的股市投资者。

本节案例之四：丰乐种业（000713），草甘膦、大豆、反制概念龙头股。（如图 2-39）

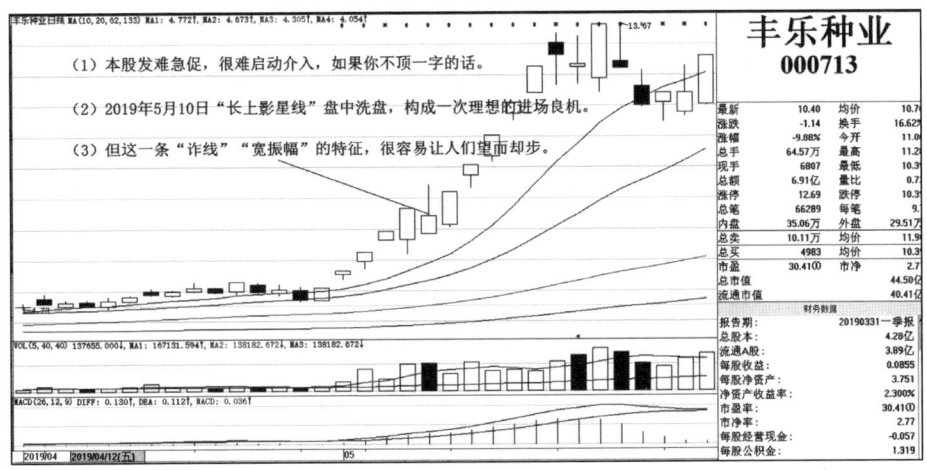

图 2-39

如果在 2019 年 5 月份你参与了反制关税概念，特别是农业股的炒作，势必不会忘记丰乐种业的表现。

该股在 14 个交易日里拉出了 11 个涨停板，就像一阵风一样，来得快，去得也快，"疯乐"一把，杳无踪迹。

对于这样的短线脚步匆匆的强势品种，如果不能快速做出反应，常常会望尘莫及。

从技术层面来看，这只股票究竟具备怎样的特征呢？

我想，这应该是这一波，不论你买过还是没有买过它都值得思考的一个课题。

安阳认为，严格说起来，丰乐种业并不容易操作，难度较大。

因为该股从 2019 年 4 月 30 日启动的前 4 个涨停板，并不容易介入。

原因很简单，你没有理由去"无脑顶一字"，顶一字永远是一种赌的行为。

一直到5月9日，丰乐种业才给出了第一次回撤3板头的"高开前底进"买进机会。

5月10日，该股低开冲高回落，留下了一条带长上影线的"宽振幅"（19%）、"仙人指路"星线，也叫"夜星线"。

这种K线的一般含义就是股票要在这里做回撤整理，步入整理至少两三天的节奏。

对丰乐种业来说，这个"仙人指路"的平底星线也可以看作"上影穿刺"，主要看次日的气势如何。

实际上，对一只强势股票来说，有一些常规是要打破的。

安阳认为，这里的长上影星线实际上是一条"欺诈骗线"。

表面上，它是要开启一波整理节奏，实际上由于该股的强悍（之前连拉涨停奠定龙头地位）以及在启动之前并没有一个充分的回撤洗筹过程，这就迫使它不得不在途中歇一下脚，但是又怕别人识破，就只能用这种被常人看作"墓碑线"的单根K线在盘中做回撤洗盘。

该股另外一个技术特点是，通常这种K线振幅都不应该过大，但该股却采用了罕见的天地板19%大振幅的方式洗盘。这叫一般人绝对望而生畏，但是，用心分析，该股连续三天都在玩"宽振幅"游戏。这正如同"三平大量"，一旦三平，就意味着承接盘力度更强，也就产生了异乎寻常的气势力度。这种"上影穿刺"放在这里甚至超过"上影之优"的力度！（参阅笔者《冲浪涨停板》一书）

如果我们解决了这只强势股"上影星线"停顿回撤的问题，我们也就找到了该股合乎情理和逻辑的进场买点，那么，后面80%以上的拓展空间就能抓住。

所以，这里的"仙人指路"星线的属性，即它是不是最强势个股刻意制造的一条技术骗线——以弱示人，快速完成盘中的洗盘和筹码换手承接，就成了一个关键。

我们认为，最强势个股常常会走出一些很具经典意义的单根 K 线或者 K 线组合，但又很容易令人困惑，不敢冒进。因为，我们都是在用常规思考。

此刻，你只有把它放在"市场最强"这个前提下，才会有正确的解。

说白了，就是一些常规的"弱势形态"（包括 K 线组合）常常会被这种主力用来吓跑散户。其实，并不是任何一个单根"仙人指路"，都能走成后面连续 5 个涨停板的。

这也就是说，首先需要界定的是一只个股的强势地位。在此意义上，你需要颠覆一些常规的概念和意识。

长上影的"上影穿刺"即这里的"仙人指路"常常被王者气势的个股借来洗筹，欺骗大家的眼睛，并且形成至少后市"必有一冲"的走势。

本节小结

技术骗线，我们在这里称之为"诈线"——在股市里随处可见，并不新奇。

关键是，我们需要练就一双火眼金睛，要尤其善于识破大牛股每次启动前的"入线阴"洗盘诡计；其次，要善于把握好最强势人气指标股，在起涨之初认清利用"长上影星线"在当日盘中洗盘的伎俩。

只有这样，我们才能像苍鹰一样，瞬间看清楚猎物的运行轨迹，一旦出手，就能把猎物牢牢抓住，让它无处遁逃！

第十二节 严防死守"大线"的玄机奥秘

所谓"严防死守的大线",这里是指大季线,或者有时候也可以指133日线。

这两条均价线如果被轻易地有效击穿,常常意味着中期行情的走弱,或者蛰伏其中的主力资金放弃了中期行情。

我们在实战中,经常可以看到有些股票会拼命守护这条线,这和那种不把大季线当回事儿、动不动就打穿的一些股票形成了鲜明的对照。

我们试从以下4个守护大级别均线的案例及它们后面的走势发展,来做一个分析,我们会发现这些股票不为人知的一些玄机奥秘。

本节案例之一:思维列控(603508),死守62天季线为哪般?(如图2-40)

这是一只高铁、航天题材的股票,科创板对标股。

这只股票上市后股价从136.80元一直跌到2018年10月12日的29.13元,才算止住跌势。然后,股价缓慢回升大约45%涨幅就一直裹足不前。

该股从2019年3月12日到4月26日,步入一个长达33个交易日的横盘"静默"区域。

悄然无声,就如同铁道钢轨下面的铺路石,静静地躺着。直到4月29

日突然一个起跳大缺口，携量启动。一般情况下，人们都会把它看作普通个股即兴拉起的一个充其量"试盘"的涨停板。加上其股价在50元以上，许多人不知道它想做什么，也不肯关心它要做什么。

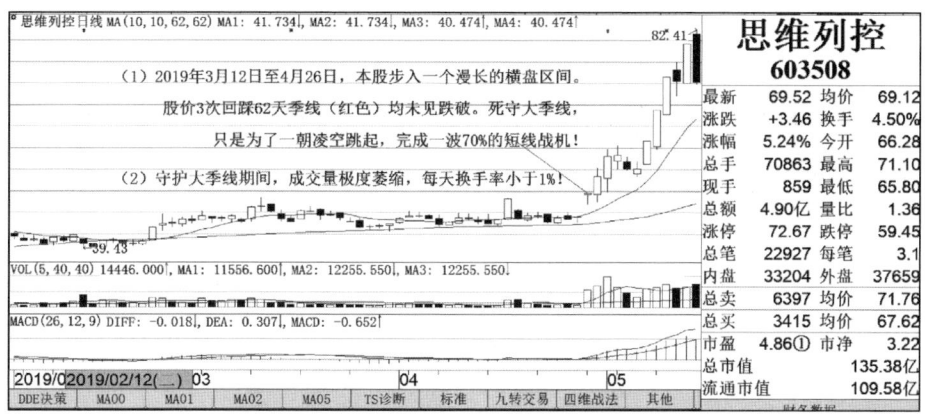

图 2-40

实际上，这时思维列控已经是一列起步了的高速列车。

在此之前33个交易日里，其股价3次回撤大季线，却未见有效打穿这条线。

在这么久的"横盘蓄势"日子里，其日成交量一直萎缩，不超1%的日换手率。

这就暗示我们，它在这里整装待发，旷日持久，就等最后的启动信号。

就在大家的猜疑和不屑之中，12个交易日里，该股把股价推升到了82.41元，短线涨幅高达70%。目瞪口呆后细细一看，又是只翻倍股。

为什么许多机会总能轻易从我们的身边溜走呢？

结论：大级别的均价线，例如本股的62天季线，只要它严防死守，就暗示我们，它很可能在等候一个机会爆发，别把这条季线不当成个事儿。

有时候，70%的获利机会就在你的眼皮底下，就是你天天看着，默默无闻甚至你还看不上眼的那只股。

要想抓住这种乌鸡变凤凰的短线机会，我们必须特别留意这种死守季线，蓄势待发的股票。

本节案例之二：亚星客车（600213），燃料电池、新能源整车概念。（如图2-41）

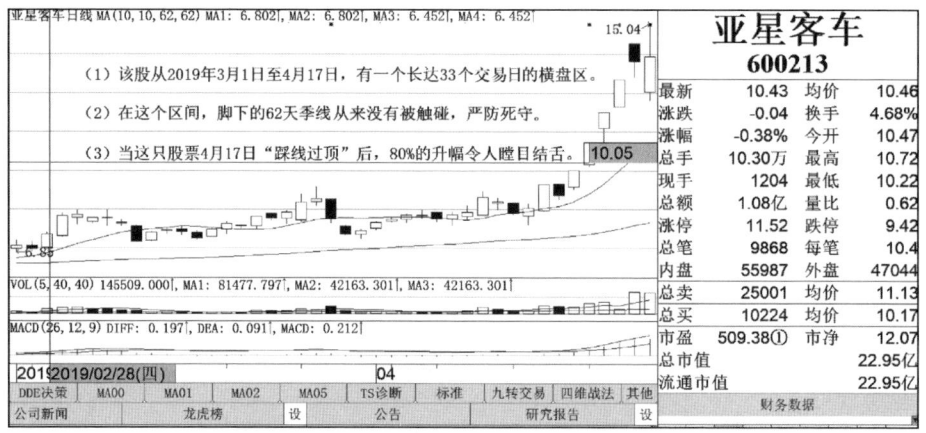

图2-41

亚星客车在2019年4月17日突然发难，携日换手率11.46%的立柱量涨停！

次日（4月18日）故意卖个破绽，收一条小阴线，实现疯涨前的换手。

随后，在8个交易日里升幅接近80%，又是一只令人震撼的连板股。

仔细观察：该股在起涨之前，从3月1日开始到4月17日，恰好有一个长达33个交易日的横盘区域。

在这33个交易日里，脚底下正好也是有一条62日均价线，从未被触及更不会产生击穿它的非分之念。

这就让我们产生一种思考：凡是处在上涨一波后的盘整区域，只要这只个股敬畏 62 天大季线，并将其视作一道天然屏障加以严防死守，就大抵都蕴含着后市继续开疆拓土、再创新高的理念和追求。但是，假定你缺乏这种意识，机会就会与你失之交臂。

本节案例之三：联泰环保（603797），节能环保题材。（如图 2-42）

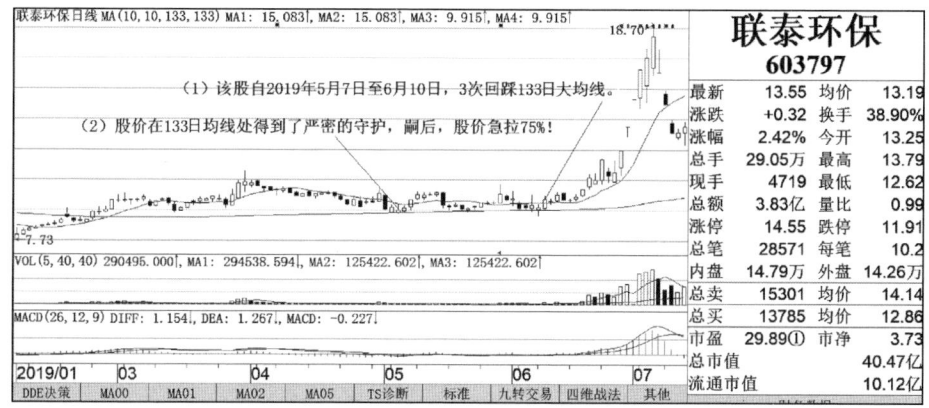

图 2-42

该股于 2019 年 1 月 31 日股价从 7.73 元启动上涨，缓慢推升到 40% 涨幅后步入调整。

该股从 5 月 7 日到 6 月 10 日期间，股价曾经 3 次回踩到 133 日均价线（红色），收盘价未见击穿该线。

我们可以看到，伴随股价的逐级抬升，133 日均线的方向向上倾斜。

该股 6 月 24 日一条带量（换手率 26%）长阳线涨停启动主升浪。

在9个交易日内，股价飙升75%，又一只明星股发轫于死死守护的133日均线。

其实，一条均线它即使就是一条133天的大级别均线，对于许多个股来说，其实是算不了什么的。我们眼里看到的动辄就击穿这条线的比比皆是。但如果拼命死守，情愿用大资金精心呵护这条"底线"的，这种敬畏死守和另一种无视弃守，还不足以证明主力对其后市的战略用心吗？

本节案例之四：久之洋（300516），军工电子题材，科创板对标股。（如图2-43）

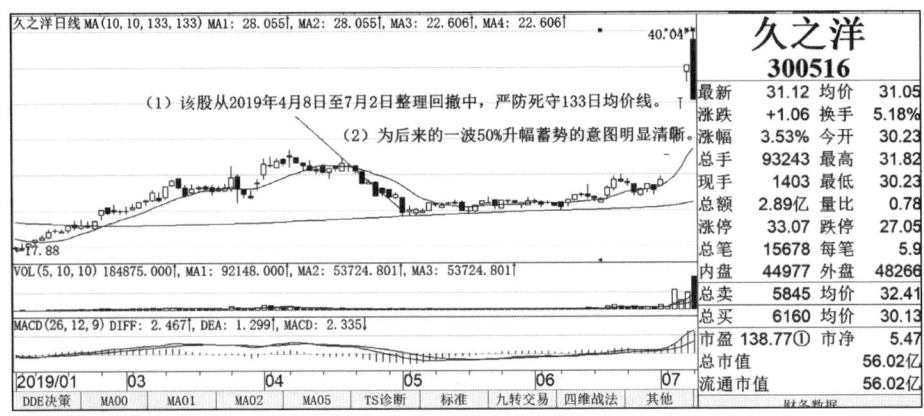

图2-43

从久之洋的日K线图上清晰可见：2019年2月1日17.88元启动，涨到4月初升幅大约为50%。

该股从4月8日开始的回撤，跌幅不算深，仅22%，时间刚好55个交易日（截至7月2日）。然后，突然起涨，连续拉出4个涨停板，波段升幅逾50%。

我们从该股日线图又一次录得其在55个交易日里，对133日均线（红色）不离不弃、严防死守的壮举。这种动作如果不仔细观测，极其容易被忽略，而恰恰就是这种看似不经意的动作，暴露出主力后市做多该股的良苦用心及其守护股价的资金实力。这些细枝末节，其实是看盘最不可忽略的地方。

本节小结

在股市博弈，并不是每天都可以看到"惊心动魄"的场面。

有很多时候，这里的战场你见不到硝烟和炮火。但就在安静到"悄无声息"的地方，却进行着血腥和激烈的厮杀。

一波底部缓慢的起涨后，股票往往升幅未超50%，后市还有没有机会？主力资金还会不会再拉一波？这个你是不是主要靠"猜"？

其实，本节告诉你一个行之有效的临阵实盘方案：

你只要留意该股大季线或者133日均线是否被轻易击穿，这就够了。

守护大级别均线，力求它不被击穿，且形态上倾，这属于不很起眼的细节。

但你要记住：守还是弃？不经意间，暴露的却是主力资金的战略意图。

第三章

新股篇

第一节 狙击新股六招

根据多年的探索、总结与实战检验，笔者总结出狙击新股的主要制胜六招如下：

一、上市新股的价格定位是一个新股能否炒上来的重要因素。我们认为，价值区间的正确评估是新股炒作行情的罗盘。

二、新股最核心的动力是要有经典的换手，即成交量。对全天换手，以及分时换手，经过"量化"的精确测算（最关键在开盘45分钟内），必须满足全天最佳换手率的分时需要，才可以显示出该新股的动力充足。

三、开盘价之所以重要，是因为它从本质上揭示了一个多空博弈的结果。此外，我们还要求：在新股上市首日的集合竞价时段，必须有一个向下"打压股价"的过程——以拓展主力机构日后"往上做"的空间。如果缺失这里的"第一压"，那么，盘中必须具备瞬间砸下来的"第二次打压"。若无此动作，则可以判定：该新股基本上选择的是上市首日"拉高出局"，其日后必将踏上漫漫的价值回归之路。

四、一个能够精确控盘、能够在上市首日把"分时换手"做到完美程度的力量，一定是实力强大、技术高超的机构主力（或私募）。所以，在看盘3分钟之内，显示出来的是否有主力进场，就成了我们关注的焦点。

五、在对换手率，特别是"分时换手"精确要求的同时，还要求新股的首日"振幅"必须近乎完美无瑕。

六、占4/5以上的绝大多数新股，不适宜首日介入，这就告诉我们只

有约不足 1/5 的新股可以首日去炒作。我们必须懂得"避其首日之锐气,击其三日之惰归"的新股战术策略。

第二节　价值评估是决定新股首日沉浮的罗盘

新股价值的"估值区间"或称"价值区间",是一个难点,也是一个重点。

我们说它难,就在于大家使用的评判尺度不一,仁者见仁,智者见智,很难得出完全一致的结论。其"重"在:对一只新股价值区间评估的正确还是错误,直接关系到首日介入资金的安全和"炒新"的绩效与成败。

对新股价值区间的评估,我们从以下三个方面入手:战前综合分析;流通盘的大小;指数的位置和性质。

(1)战前的综合分析,包括十大要素:①新股是否具备"第一"的题材,或具垄断性、稀缺性、唯一性。②市场可比性小,属国家重点扶持的产业。③基本面好,成长性高,有知名度,具品牌性,且行业独特。④发行价低,具备远景题材和动力。⑤股本结构及特殊的背景。⑥承销商实力强,具短线控盘能力。⑦地域位置好,有特定优势。⑧流通盘适中。⑨属行业龙头,具新产品特征及技术壁垒因素。⑩符合当前市场热点。

以上十大要素对一只新股价值评估往往起到决定作用。我们的做法是:对每一只新股在细读《招股说明书》的前提下,对上述内容,一项一项给出具体的分值,累加起来,看它"占优"的比例。通常"占优"2/3以上,才能进入我们的视野(其余只做资料记录)。对新股战前的综合分析是一项精工细作的活儿,特别是对那些主力机构必炒的品牌如"獐子岛""全聚德""九阳股份",更需细心,才能把握其最本质的要素。

（2）流通盘的大小。从十项要素中，我们把流通盘单独拿出来侧重剖析。这是因为：不同的总股本和不同的流通盘，会导致其上市首日的价格定位迥然不同。例如33亿股流通盘的中国中铁，我们给它的估值定位是距发行价涨幅60%；而对2160万股的高金食品，我们会给它涨幅150%的定位；北化股份，这只近4000万股、硝化棉产量连续居世界第一的新股，我们只给它涨幅50%的估值空间。流通盘大小的区别是我们界定新股价值区间，并依此给出操作指令的重要依据。我们先以"战前分析"给出一个评估价格上限，再以流通盘大小，给出第二个价格参考上限。将两者综合平衡，确定最后的估值区间。有时我们还会参考其开盘前2笔换手率反映出来的市场认可程度，给该区间作某种程度的矫正，以避免主观随意的缺陷。而此刻换手率的大小本质上依旧是从其流通量的角度做出的分析，足见流通盘大小的重要。

（3）指数的位置和性质。这是指要对一只新股正确评估，必须考虑特定的市场背景。我们必须对指数的位置、对大盘的整体环境，甚至新股上市前一天指数的涨跌情况做到心中有数。这是影响新股估值的外在环境因素。

以上三个方面，是我们评估定位一只新股的基本依据。只有对上述三项内容做出了准确的回答，才能对一只新股给定它接近其内在价值，又被市场所认可的估值价格来，并用这个既定的价格作为约束我们操作的重要纪律，规范我们的行为。——在这里，我们实际强调了新股基本面的决定性作用，也看到了外在环境的影响，还包括做出判断的个性差异：它是一个可因人或因侧重点的变化而产生出不同结果的动态的值。

说到这里，我们对那些有关预测新股开盘价之类的股评，有时其价格区间上下限竟差200%，就不会感到奇怪了。这种宽泛而不着边际，正是价值评估其"难"所在。

下面是我们对宁波银行和中国石油上市前所做的价值评估要点：

宁波银行（002142）

首先，宁波银行登陆中小板，成为城商行上市第一股。多年来中小板结构单一，制造业占比竟达八成，而多数制造业处行业下端，严重影响中小板的稳定发展，中小板急需各行业细分领域的"单打冠军"登陆。宁波银行的上市，实现了中小板金融业"零"的突破，这是其上市的最大亮点和特征。

其次，基本面：上市前三年的复合增长率为20%，上市时净资产收益率为19.2%，其不良贷款仅为0.32%，远低于上市银行。宁波银行登陆中小板，成为城商行上市第一股。

最后，发行价相对来说较低，只有9.20元，具备远景题材与动力。其承销商是实力强大的高盛高华，宁波银行这只2.7亿流通盘的股票，是其承销的第一只A股。

依据以上，累计加分后，我们发现其4/5占优。按战前要素综合分析，给出它涨升100%的评估区间，股价为18.40元。再以流通盘分析，给出20.5元估价。最后将两者平衡，确定其价值区间为18.4元至20.5元。该股的实际开盘价20.38元，在我们的价格范围内，这就为我们买进这只股票提供了可信的依据。该股在12个交易日内涨幅高达62%。

中国石油（601857）

中国石油在上市之前，被有关媒体"吹"上了天，说它是"定海神针""行情的稳定器"。我们并不否认，中国石油的垄断地位和它优良的业绩。

就当时而言，把它抬高到"至尊"地位，已经潜伏着某种危机了。依据其40亿股流通盘和发行价16.70元，我们认为涨幅为100%即开盘价位于33.40元附近，是其特定历史条件之下比较合适的估值区间。即使依多种因素再向上抬，也不可逾越130%涨幅即38.58元的绝对上限。结果，中国石油开于48.60元，涨幅是发行价的近3倍，一步登天。中国石油上市首日，尽管它的集合竞价、分时换手、分时振幅、5分钟K线、15分钟K线均不达标，无不在提示我们"抛出！抛出！"，但它至关重要的一个"硬伤"，就是远远超出了正常的估值区间。故此，从上市之后，它才会下跌70%多，运行在一条漫长的价值回归的路上。

通过我们对包括以上个案在内的265只上市新股的统计资料看，依据新股的流通盘大小，通过缜密的战前要素分析，并以此为分析基础，结合当时市场外部条件、氛围及指数的性质，对新股做出的价值评估是值得信赖的。

当然，也有些很另类的现象，导致我们的评估出现"盲区"。

比如中核钛白（002145），这是一只2007年8月3日上市基本面一般的新股。流通盘4800万股，发行价仅5.58元。但在上市首日却被神秘资金疯狂拉到478%涨幅的32.30元开盘。收盘时，其涨幅还在500%。这种市场价格远远偏离我们给出的80%涨幅（10元左右）上限。该怎样理解这种市场现象呢？

有人说，这是介入该股的主力"疯了"！是真的疯了吗？某些被常人看成是疯子才做的事，他做了，而且成功了，那他显然并没有疯，他用了"清醒过常人"的思维，钻了常人一个空子。该股虽然涨幅那么高，但其主力在二级市场仍有赢利。自中核钛白之后，宏达经编（现名宏达高科）、方圆支承（现为ST新光）等20余只小盘股，相继动辄就飙升600%……尽管后来，中核钛白从35.77元跌到8.15元，跌幅近80%，但它毕竟疯狂过。这种瞬间发难、把新股上市的价格平台拔高一截的景致，一方面说明新股的价格像权证的"末日轮"一样，被"妖魔化"了；另一方面，这种现象也促使我们深思：在特定的市场环境下，这种非主流的资金势力将会成为影响新股价值评估的非理性干扰因素。由于它的存在，才使得新股首日的价值评估有了上下腾挪的更大空间。这无疑是一个不确定性的动态变量，从而增大了我们对新股价值评估的难度。

综上所述，我们认为：上市新股的价格定位，是其能否炒作成功的至关要素。对一个新股的价值区间是否给出一个正确的评估，是新股炒作沉浮的罗盘。

正常情况下，新股首日价格"亮相"既是对其内在价值的揭示，更是对市场人士的拷问。由于炒新者对其内在因素、外围环境的不同认识和理解，以及在特定时间内参与博弈的资金可能会妖魔化股价等干扰，就导致了"炒新"的绩效差异。这就要求我们必须建立一个合乎当时市场外部条件、气氛的正确评估体系，并善于纵横对比，从指数性质、该股在业内的地位以及流通盘大小等诸多因素，结合战前的综合分析，给出自己的独立判断。新股炒作胜率大小往往取决于对其区间的研判和定位。

第三节 新股分时换手的精确量化技术

新股的核心动力——首日的换手率——是新股是否可参与操作及成败的关键。对一只有主力机构介入的必炒的新股来说，要求具备"经典的换手"。

经典换手包括两方面含义：（1）全天总换手；（2）分时量化的标准换手。

全天的总换手要求：一般不超过1亿股流通盘者，要求上市首日的总换手率不应超过75%，也不能低于68%。随着流通盘的变化，对新股首日总换手的要求须做适度调整。

"首日不达标，第二日必调"，这里所说的"首日达标"，除了全天换手的要求外，更为重要的是我们倾力研究的"分时换手"，即对新股经过"量化"的标准换手率，尤其是开盘后的45分钟之内。这种换手率必须呈现出一种满足全天最理想换手的需求，才可以彰显出这只新股的动力不仅充足而且健康。

我们来看罗平锌电、金钼股份、紫金矿业3只新股上市首日实盘的换手表现。

罗平锌电

5分钟标准换手为300万股，实际430万股，多出130万股，此现象

我们称为"离标正超";

15 分钟标准换手为 600 万股，实际 614 万股，可以认为完全达标；

30 分钟标准换手为 750 万股，实际 737 万股，基本达标；

45 分钟标准换手为 900 万股，实际 901 万股，完全达标。

几乎完美的分时换手暗示出一个信号：主力建仓成功。其建仓手法干净利索，该股从开盘 30 分钟的股价 27.30 元到 4 天后涨幅 50%，是东海证券的绝版之作。

金钼股份

5 分钟标准换手为 5891 万股，实际 7571 万股，离标正超 1680 万股；

15 分钟标准换手为 1.18 亿股，实际 1.21 亿股，离标正超 300 万股；

30 分钟标准换手为 1.47 亿股，实际 1.54 亿股，离标正超 700 万股；

45 分钟标准换手为 1.77 亿股，实际 1.78 亿股，基本达标，正超 100 万股；

60 分钟标准换手为 2.06 亿股，实际 2.14 亿股，离标正超 800 万股。

10 天后，该股涨幅 30%。若从其最低价计起 7 天内涨幅 48%。本案例也是运用新股圆通理论第六部分"以迂为直，后发先至"的经典。

紫金矿业

5 分钟标准换手为 1.53 亿股，实际 2.7 亿股，离标正超 1.17 亿股；

15 分钟标准换手为 3.07 亿股，实际 3.83 亿股，离标正超 7600 万股；

30 分钟标准换手为 3.83 亿股，实际 4.68 亿股，离标正超 8500 万股；

45 分钟标准换手为 4.6 亿股，实际 5.09 亿股，正超 4900 万股；

60分钟标准换手为5.37亿股，实际5.49亿股，基本达标，正超1200万股。

一个小时换手完全达标，股价为9.65元。此时若介入，在4月30日打开跌停板时的最低价为10.15元，仍有近5%的赢利。最高价11.16元，最大获利14%左右。

以上这三只股票都有一个共同的特点：分时换手与我们预先测算出来的量化标准完全一致，我们称此现象为"达标"，即符合我们的技术标准要求。那么，技术量化标准具体的参数我们怎样得来呢？

在实战中我们发现，凡是被成功炒作的新股，首先，它们的首日换手率都会达到一定的尺度，即"68%～75%之间"（不同个股有不同的要求）。那么我们就对目标新股即主力机构可能的攻击者，先给定它所需要的换手率。假定它会是一次成功的炒作，那么意味着它首日全天换手必须达标——倘若其首日换手率在68%以下或80%以上，那显然就不符合成功的前提条件。

通过对265例新股的综合统计，我们发现70%～75%换手率的中间值：73%。这个值才是科学且有效的换手。

一般来说，我们先把73%的换手率乘上首日上市的实际流通盘，以高金食品为例：2160万股×73%=1580万股，这是预设的最佳日换手率。其10%的量为158万股。经过反复比对我们发现，当它在5分钟实盘换手率为16%时是一个局点，而16%的实盘换手并不能精确反映出主力的真实意图。比如说5分钟的实盘换手率为30%——它又告诉了你什么呢？你什么也没得到。而当我们依据成功炒作的范例选定75%的换手率作为参照物，并且依照它的百分比折算下来的一系列时间点上的换手率要求，不仅是精确的而且它随时向我们显示出来：在这个时间，主力机构严格地控制着盘面变化；而在另一个时刻，可能就是处于失守的态势。——这个披着神秘面纱躲在暗处左右局势的分时换手率，是我们观察主力是否不动声色吸足筹码的一架显微镜。在镜下，机构的狐狸尾巴暴露无遗——这才是机构主力真正全力恪守的技术指标。它才是迄今为止没有人公开过的新股操作核心机密所在。知道了这个技术指标，剩下的事就不仅简单而且极易显效了。

开盘后 5 分钟时，我们发现它若是呈现为标准换手率的 20%，那是一个黄金般的换手率。注意：比这个大了或小了都不行。15 分钟时标准换手率要求达到 40%。同理，无论高于这个换手率还是低于这个标准换手都将是麻烦的、弱势的甚至预示着失败。向下以此类推，30 分钟时为标准换手率的 50%，45 分钟时为标准换手率的 60%，60 分钟时为标准换手率的 70%。到此为止，即完成标准换手率的 70%。这将意味着主力的吸筹工作马上就要结束了，行情或许呼之欲出。

无论新股在首日怎样千姿百态，只要是成功炒作的新股，在上市的第一天无一例外遵循着这个简单到极点而又十分重要的内在运行规律，即分时标准换手率将是新股后市走势的决定性因素，它是减少新股不确定性的中心环节。

第四节 新股开盘价的极端重要性

K线理论告诉我们，在股价一天的波动中以收盘价为最重要。它反映了多空双方搏杀一天最后的结果，是各项技术指标的重要参数。但是，对一只上市首日的新股来说，最重要的却是"开盘价"。为什么呢？这就需要我们倒溯上去，从新股的集合竞价说起。

一、集合竞价的实质

集合竞价出来的第一笔，是一只新股的亮相。在它这番亮相登台之前，却有一场不为人知的殊死搏斗。虽不见刀光剑影，却真的是短兵相接、你死我活。目的只有一个，就是主力机构争夺新股开盘价的"话语权"。这是一场时间只有短短10分钟（9:15 ~ 9:25），但却毫不留情的多空殊死搏斗。全天的博弈就从这无声的厮杀开始。

二、集合竞价是对主力机构实力的一个检阅

在这场争斗里，资金雄厚的一方，手握有更多一些原始筹码的一方，若是想"做"这只新股，又假定是他打赢了这场战斗，那他就可能会把这只新股的开盘价定位很低。他怎么可能在上市第一天就把这只股票未来可能的"上涨空间"都给吃掉呢？他一定会用上吃奶的力气，把这只股票的开盘价砸低，以便能在二级市场上争取到更多的上涨空间。反过来说，一个不想做某只新股而手里又握有许多筹码的利益集团，总希望在上市的第

一天把股价抬得更高一些，以便能卖个好价钱，自然也会在集合竞价时绞尽脑汁（通常采用对敲），拼命往高处去拉抬股价。具有代表性的前者如中国远洋，二级市场上市后"向上"做，33个交易日以后就涨升200%；而在集合竞价时段，股价从16.16元一直打压到15元（在允许撤单的前5分钟内）。而上市后向下做的中国石油，在集合竞价中股价从46元开始一直拉抬到48.6元开盘。这两个例子就是有力的证明。对于中国石油2008年4月22日最低的15.35元来说，48.60元需要涨200%才能达到。而那个48.60元就是在上市首日集合竞价的10分钟里被"空军司令"给吊到天上去的。

这足以说明：新股的开盘价确定在一个怎样的价位在沪深两市通常都不是随机的。它恰恰是主力苦心孤诣精心策划于先，又凭借自己实力，殊死较量在后的一场拼搏。换句话说：开盘价完全是对不同主力机构的实力通过一场短暂的检阅之后得出的一个结果而已。

三、抬高集合竞价者通常是要断送这只新股的空头

这就使我们明白了一个道理：在集合竞价时段，一步步抬高股价的"多头力量"，恰恰是要把筹码抛出的"空军"部队。反之，竭力打压股价的"空头力量"，不论它的主观愿望是什么，客观上却在起着有利于股票"向上做"的多头作用。以拓邦电子来说：这是一只流通盘1808万股的小盘股，其上市首日每股收益仅1分钱，股价从开盘价向上竟涨升了81%。第2天起连续5个跌停板，被彻底断送。而它在首日集合竞价中，股价竟被人从36元拉抬到71元，振幅近100%。

通过以上事例，我们就明白了：把股价在上市第一天推到"山顶"上去的力量无疑是要断送这只股票的力量。而这"假做多真做空"力量的"集结号"，在集合竞价的10分钟里就已吹响了，只是我们没有听到而

已——这样的结论是与当前很多人的惯性思维相悖的。我们一般总认为集合竞价时步步抬高股价的一定是做多的一方嘛！其实正好相反。

当我们得出这样重要结论的同时，要强调的一个前提是：股价已经是处在一个合理估值的范围内。如果没有超越合理的估值，这个竞价打压的动作便会平和得多甚至缺失。

四、面对一只新股，拉抬股价容易，打压股价难

对于上市首日的新股来说，究竟是向上拉抬股价、向上拓展空间容易些，还是向下打压股价相对容易些呢？答案是："拉抬容易，打压难。"这么说显然很多人不理解。谁都知道股市常识："涨难跌易。"你怎么净说反话呢？笔者这样说的凭据是什么？答：凭的是"筹码"。我们知道，拉抬股价需要用钱。哪个做盘的主力没有钱？没有雄厚的资金能做盘吗？但对上市第一天的一只新股却不能靠钱来说事。由于是新股，筹码相对集中在中签的股民手里，主力也未必有多少原始筹码。这样，主力要向下去打压股价开拓空间，就必须耗费他手里宝贵的原始筹码——用钱是难以把股价买下来的。由于没有做空机制，只能越买越高。又因为，假设他下一步想做这只股票，按发行价买进的原始筹码应该是宝贝，他是不愿意卖掉的。但现在向下方压低股价又是做盘的战术需要，他只得忍痛割"码"。而由于上市首日，他手里的筹码也有限，只能把好钢用在刀刃上。除了借助外在的空方卖力（如超级主力），主力在关键的价位和关键的时刻，把这一部分宝贵的筹码"砸"出，力求事半功倍。那么，最夺人眼球的莫过于新股的开盘亮相了。所以，做多的主力机构必定要决胜此役。多空任何一方都不会听任异己的力量去左右开盘价，因为那将意味着另一方的成败与生死。

由以上我们得出结论：上市新股的开盘价最为重要。理由就是，它实际上已经是集合竞价这场博弈的一个结果了。这个结果的实质是该新股在激烈竞价的 10 分钟内，多空双方对新股的开盘价谁持有话语权。这注定是一场谁也无法让步的恶斗。换句话说，看上去是一天搏杀初始的"新股开盘价"，其实是多空双方在集合竞价时段交战之后的一个"收盘价"。这个收盘价却是以"开盘价"来表现了。这是通常我们不会去认真考量的一个悖于常理的话题。

第五节 振幅要求近乎完美无瑕

当我们要介入一只新股时，除了对其上市首日的换手率，特别是分时换手有一个精确的量化要求外，还同时需要新股的首日振幅必须达标，甚至要求它近乎完美无瑕。

如果说，换手是否达标反映了一只新股未来拉升动力足不足的话，那么，振幅就是对这种动力所做的一种客观验证。振幅看上去似乎只是股票上上下下的价格波动，但它所揭示的却是主力的操盘意图，反映的恰是机构能力的高下。振幅把主力机构的控盘能力直白地昭示于人，这等于在预告该股未来是上涨还是下跌。

这里说的振幅有两层含义：其一，全天总振幅不可过宽；其二，分时振幅在敏感时间段须严格控制，不可逾越 ±5% 的生命线。

（1）新股上市首日，其全天总振幅要严格限定在一个范围内，不可以过宽。不论它是向上拉升，还是向下打压，都要求其日内总的振幅不要超过 10%（至少到目前是如此）。一般说来，我们要求上市首日的新股要以阳线报收。即便首日是以阴线收盘，我们都特别强调：不论阴阳其首日振幅不允许超过 10% 这条安全边际线。这是对该股未来走势的重要判据之一。

（2）"分时振幅不得逾越 ±5%"强调的是：当我们在盘中跟踪一只新股时，除了要死盯其分时换手，还必须同步死盯它的分时振幅。即在运行盘中要盯住其 5 分钟、15 分钟、30 分钟、45 分钟、60 分钟振幅变化，绝对不可以逾越 ±5% 的界限。

我们以金钼股份、江南化工和中国石油的上市首日振幅为例来加以说明。

金钼股份（601958）

5 分钟分时振幅 +2.96%（K 线收阳），日内总振幅 5.05%。
15 分钟分时振幅 +3.04%（K 线收阳），日内总振幅 5.34%。
30 分钟分时振幅 +1.70%（K 线收阳），日内总振幅 5.34%。
45 分钟分时振幅 +0.42%（K 线收阳），日内总振幅 5.34%。
60 分钟分时振幅 +4.42%（K 线收阳），日内总振幅 5.84%。

在 60 分钟内，其分时振幅被限定于 4.42%，未超过 ±5%。全天日内振幅 10%，符合振幅的规范标准。若从最低价计起，7 天内涨幅达 48%。

江南化工（002226）

5 分钟分时振幅 +0.32%（K 线收阳），日内总振幅 1.12%。
15 分钟分时振幅 +14.00%（K 线收阳），日内总振幅 14.00%。
30 分钟分时振幅 +11.20%（K 线收阳），日内总振幅 14.00%。
45 分钟分时振幅 +16.96%（K 线收阳），日内总振幅 24.88%。
60 分钟分时振幅 +15.20%（K 线收阳），日内总振幅 24.88%。

该股以长上影倒锤头阳 K 线收盘。其分时振幅在开盘 15 分钟时，就已涨升到 14%，45 分钟时，总振幅 24.88%，严重不符合规范标准。虽然其分时换手 60 分钟内基本达标，但由于振幅的荒腔走板，5 天后（截至 5 月 12 日）以上市首日最高价计，跌幅高达 32%。而这只新股早在开盘 15 分钟时，就已经向我们揭示了它日后必跌的命运。

中国石油（601857）

5 分钟分时振幅 −7.97%（K 线收阴），日内总振幅 8.45%。
15 分钟分时振幅 −6.63%（K 线收阴），日内总振幅 10.37%。
30 分钟分时振幅 −7.42%（K 线收阴），日内总振幅 10.37%。
45 分钟分时振幅 −7.90%（K 线收阴），日内总振幅 10.37%。
60 分钟分时振幅 −8.34%（K 线收阴），日内总振幅 10.37%。

中国石油上市首日全天总振幅高达 14.57%（收长阴线），且不论其分时换手不达标；5 分钟、15 分钟 K 线预警，在死亡时间窗再次预警；且不论它的开盘价是发行价的近 3 倍涨幅，远远超出估值区间，仅就其日内振幅的安全边际线而言，在开盘 15 分钟时，就已经向我们暗示了危险的存在。就像汶川大地震灾难之前，四川绵竹出现大量蟾蜍出逃现象一样，至少提醒我们有危险预警信号了。只要我们稍加留意，就不会遭受重创，被高高套在 48 元的山顶上了。

2008 年 4 月 25 日上市的紫金矿业，上市首日全天振幅高达 128%。如果我们把它的分时振幅拿来仔细分析，你也会感到某种震惊。

紫金矿业（601899）

5 分钟分时振幅 +3.11%（K 线收阳），日内总振幅 3.40%。
15 分钟分时振幅 −0.90%（K 线收阴），日内总振幅 5.13%。
30 分钟分时振幅 +0.20%（K 线收阳），日内总振幅 5.40%。
45 分钟分时振幅 −0.50%（K 线收阴），日内总振幅 5.40%。
60 分钟分时振幅 −3.01%（K 线收阴），日内总振幅 6.58%。

该股上市首日，开盘后 60 分钟内，不仅分时换手中规中矩（标准成交量 5.37 亿股，实盘成交 5.49 亿股），且分时振幅也近乎完美，这时的股价在 9.75 元左右徘徊。如果按照我们 10:30 的标准换手和分时振幅即 60 分钟时，盘中振幅为 –3.01% 给定的买入点位，9.70 元作买进，那么纵然该股在下午疯狂拉抬到 22 元，振幅高达 128%，随后三个跌停，4 月 30 日打开跌停时的最低价 10.15 元卖出，仍可获利 4% 左右。在当天最高价 11.2 元卖出获利 14%——这就是分时振幅的魅力所在。它不仅暴露出主力的成本价区间，彰显出主力的战术意图，而且给予了我们买进的安全价位，是我们透视不确定性而立于不败之地的护身法宝。

从中工国际上市至 2008 年 9 月 25 日的 265 只新股统计资料来看，凡是在上市首日超过 15% 宽幅振荡的，鲜有次日不跌者。打开 002 板块看，凡首日涨幅逾 20% 者，有几只次日不封于跌停板？由此我们不难看出，10% 的日内总振幅限制和分时振幅的标准要求，是我们操作新股的一条胜利保障线。以 2007 年 6 月 13 日上市的实益达为例：在其开盘 60 分钟内，主力一直采用窄幅振荡来收集筹码。其开盘价在当时市场氛围下，较发行价涨升 200%。主力强悍到不考虑换手率的严格达标，其 5 分钟、15 分钟都"离标不足"，但它却严格控制着该股的分时振幅。在长达 3 个小时内，舒缓有致、手到擒来，15 分钟 K 线几乎全部是十字星。这实际上是超级主力十分自信的一种表现。该股后市在 12 个交易日内涨幅高达 66%，是一个分时振幅规范的经典案例。

结论：新股上市首日，全天振幅通常不允许超越 10% 的安全界限。其次，要严格盯死分时振幅 ±5%，这是一条不可逾越的生命线。它从本质上揭示了主力的战术意图和控盘能力的大小。

第六节 通过3分钟换手提前感知机构动向

炒新股的人对于自己是否在"首日"进场及其效果，恐怕都有着刻骨铭心的记忆与理解。

在实战中，对一只新股首日"3分钟换手"的精确把握，是我们决定进场还是放弃的重要依据。这是因为，只需要3分钟时间，我们便可以感知是否有机构，以及是什么样级别的机构在介入。在这层意义上，我们甚至可以说"3分钟就可知输赢"了。这么说并不是故弄玄虚，像算命先生似的在卜知后市的祸福吉凶，而是基于以下两点：

（1）只给3分钟，是由于主力要"急速拉升"。

（2）只给3分钟，是由于主力要"快速打压"。

第一，主力要急速拉升。在集合竞价时段，主力经过酣战恶斗，好不容易才把新股的开盘价打压到一个他所认可并能为市场接受的相对合理价位，他岂能容忍别人在极低的价格上从容地买入？那他不是甘心给人当轿夫了吗？设想一下，主力接下来会做什么？他必定在开盘后的第一时间毫不犹豫地"狮子大开口"吞下去尽可能多的筹码，其停留的时间绝对不能长。3分钟，只有短短的3分钟，就拉开市场与他成本价的距离了。在这里，他不能容忍跟风盘获得更多的廉价筹码。

其二，只给3分钟，是由于主力要快速"打压"。3分钟的时间虽然很短，但主力还是喜欢不失时机地玩些花招出来，完成其"第二次打压"股价的任务。因种种原因，有些新股会缺失竞价阶段的第一次打压。主力会采取在开盘 3 分钟内急速下打，即一口气向下砸 5% 左右（有凶狠者打到距开盘价 15%）。这种迅疾且令人猝不及防的动作，只是为了把持有中签筹码的散户悉数吓出，目的仍旧是抢夺筹码。只要目标实现，立即把股价再拉上去，直线向上扫单，干净利索，不容思考，稍一犹豫，你就望"涨"兴叹吧。

"3 分钟换手"便可感知机构的动向，它强调的最核心的内容是：在新股开盘后 3 分钟时，该股的实盘换手，至少应是其第一与第二笔换手之和的倍量（或接近），才是可信的。这是唯一能在第一时间显示机构动向并帮助我们"快半拍"进退的一个重要参考指标。

那么，新股究竟呈现出什么样的态势，才足以证明在 3 分钟之内有实力强大、技术高超的机构进场了呢？请看高金食品、中国远洋、中国中铁 3 只新股上市首日的表现。

高金食品（002143）

上市首日流通盘仅为 2160 万股，发行市盈率约为 29 倍。其上市后 11 个交易日内涨幅逾 50%。检视该股，在其臻于完美的首日分时换手背后，我们清晰地看到了超级机构运作的痕迹。该股开盘的第一、二笔换手之和并不理想，仅为 4.6%。但在第 3 分钟出现了转机，跃升为 9.4%，实现了 3 分钟换手至少是两笔之和"倍量"的要求。5 分钟时总换手率 16%，报收长下影阳线，此时此处的这条阳线预示着该股被机构青睐。全天总换手率 72.73%，满足了全天换手率的要求。在该股首日"成交回报"中，显示有三家机构进场抢筹。而其首日前 5 名买入金额竟占当天总金额的 28%。第二天开盘 2 分钟后便封死涨停板。这是宏源证券（承销商）新股炒作的经典案例。

中国远洋（601919）

上市时，该股流通盘 8.9 亿股，发行市盈率高达 98 倍。该股在第一个 5 分钟的分时标准换手应是 1.3 亿股，实际换手 1.33 亿股，达标且收阳线。剖析其 3 分钟时是否有主力机构介入：我们看到其前两笔换手率是 4.63%，而第 3 分钟时，换手率竟激增为 12.17%，昭示我们有超级机构介入。果然，在其首日"成交回报"中，有 3 家机构赫然在目。第二天开盘后，该股快速封住涨停板。从 6 月 26 日上市到 10 月 26 日，在当时特定的历史条件下，仅仅 4 个月时间，涨幅竟高达 330%。

中国中铁（601390）

它是一只流通盘 33 亿股的大盘股。该股在集合竞价时段和开盘后分别呈现明显的"一压"和"二压"。开盘后的第一、二笔换手率之和为 5.49%，3 分钟时换手率为 10.70%，基本上实现"倍量"关系。而在其首日的"成交回报"中，有 4 家机构介入，上市后 24 个交易日内，涨幅高达 70%。

以上案例向我们有力地证明了：3 分钟时的换手是否"达标"，即"至少应是其前两笔换手之和的倍量"，这是我们在第一时间内感知和分析是否有机构进场甚至是什么样级别的机构进场的重要考量指标。只有符合者，才可能把"分时换手"和"分时振幅"拿捏到完美程度。而另一些在 3 分钟内不着边际的股票，几乎上一个败一个，从一开盘就踏上了漫漫回归路。

在我们新股实战中，还有另外一种情况：少数新股由于行业特殊，具垄断性、稀缺性或品牌性等因素，而致人气旺盛，在上市首日出现了第一、二笔换手放出巨量的情况。例如獐子岛（002069），其第一笔换手率高达11.2%，第二笔8%，两笔之和为19.2%。其3分钟时换手率为26.3%，此时若再想让它实现倍量达到40%，显然是不现实的，这就要求我们具体问题具体分析。该股全天换手率74.78%，符合我们新股换手的标准要求。更重要的是，其全天振幅被严格限制在了10%的范围——说明主力机构控盘能力很强。该股后期同样走出了精彩的上涨行情。

我们再结合2008年5月份4只炒作成功的新股来看，见表3-1。

表 3-1

股票名称	科大讯飞	恒邦股份	天威视讯	九阳股份
代码	002230	002237	002238	002242
首笔换手率	4.10%	4.22%	5.36%	3.14%
前两笔换手率	7.75%	7.42%	6.63%	8.31%
3分钟换手率	13.26%	11.90%	13.80%	15%
5分钟K线	收阳	收阳	收阴	收阳
有无一压	无一压	有一压	有一压	有一压
有无二压	有二压	无二压	有二压	无二压
全天换手率	84.95%	81.55%	87.75%	82.96%
介入机构	1家	2家	4家	5家

以上4只股票的有关数字图表告诉我们：

（1）其3分钟时的换手均接近于前两笔的倍量。这个数字越大，后市涨升的动力就越足；反之，则会越差，越会呈现出反复与波折。恒邦股份由于3分钟换手最低，后市涨幅最差。

（2）除天威视讯之外，5分钟K线均以阳线报收。而恰恰天威视讯完成了开盘3分钟内的"第二次打压",其幅度为-4%。如果从它最低价的16.08元算起,到第二天最高价涨幅为18%。恒邦股份和九阳股份盘中虽无"二压",却都呈现有竞价时段的"第一次打压"。

(3)上述4股的首日"成交回报"中清楚地显示分别有实力不等的机构介入。同时,我们还看到一种有趣的现象:只有1家机构介入的科大讯飞涨得最好,17个交易日涨升40%;而天威视讯虽有4家机构、九阳股份有5家机构首日介入,但却涨得不尽如人意,正所谓"龙多不治水"。没有机构时我们盼有,机构多了时我们也怕;彼此你抬我压,相互掣肘,就造成了三个和尚没水吃的状态。所以,对机构的介入,从其3分钟换手的倍量放大上说,我们企盼有3倍量介入中国远洋这种气势恢弘的实力机构;当然,我们也要学会对付那种小打小闹吃口差价就跑的另类机构,我们要提防它们,不要让它们扰乱了我们的视线。

以上讨论就其实质来讲,无一不是围绕着"主力是否进场"这一核心问题。我们曾经说过,有没有经典的换手(即成交量),是减少新股不确定性并决定着新股后市涨跌走势的根本性因素。

说到这里,我们需要告诫朋友,做新股其实做的是一种必然的"胜率",要把这里的新股理论六个方面有机结合起来,去研判新股;要严格防止只依其中一招一式去片面理解和套用;更要严防为了抢第一时间介入某只新股,只看了3分钟便自以为是,杀进了主力蓄意制造的骗钱圈套之中。当我们在第一时间做介入时一定要稳、准,否则,任何人都经受不起一条长阴线的袭击和折磨。

第七节 "避其锐气,击其惰归"

分析中工国际上市后至 2008 年 9 月 25 日共上市的 265 只新股,按其涨跌走势,可概括为三种类型:

(1)直接上涨的强势型,共 92 只。其中的中国远洋、保利地产等 56 只,约占全部新股的 23%,在特定指数背景下走出了一波像样的上涨行情;其余 36 只,占比 16%,如诺普信、恒邦股份等略有冲高就塌了下来。究其原因,除了大环境之外,就是由介入主力的思路和实力所决定了。

(2)直接下跌的弱势型,也是 56 只,约占总数的 23%,以中国石油为总代表。这种类型我们也好识别和防范,它总在不停创新低,处于下降通道里。

(3)先下后上的战术操控型,共 91 只,占 38%。这种类型的特点是:看似下跌,却非真跌。它是主力资金"欲擒故纵",震仓洗盘之后再上攻的一种特定模式。针对这种模式,我们唯有采取"后发先至",即孙子兵法所述"以迂为直""避其锐气,击其惰归"的战术方针去对待。之所以要"避开敌手的锐气,等到它松懈疲惫时再去狙击它",首先是由于这类新股的内在运行规律所致,这将是本节讨论的重点。

我们来看东华科技、西部矿业和方圆支承 3 只新股上市后的表现。

东华科技（002140）

该股上市时，流通盘仅 1344 万股，每股收益 0.40 元。应该说，这是一只有潜力的新股。但在盘中，我们却看到它的分时换手未能达标，全天换手率仅 64%。虽然"成交回报"显示有一家机构介入，却只买了 1800 多万元。特别是 60 分钟标准换手，应为 784 万股，实盘仅 498 万股，看来机构是"不作为"了。不过，有一个地方机构却露出了破绽，那就是 3 分钟换手。前两笔之和为 4.4%，3 分钟时猛增至 12.4%（近 3 倍）。

毫无疑问，主力资金进去了。但为什么不涨反跌呢？第一，我们可以设想一下：一个意欲"往上做"这只新股的机构，它在首日一定会在低位买进大量的筹码。第二天，如果它觉得自己控筹还不够（因首日股价偏高等原因），还需进一步吸筹，那么，它拥有首日买进的大量筹码，它要是想往下砸股价，你说它有没有力量，会不会发慈悲。这时的它，完全摆脱了首日想打压股价，却苦于没有足够的原始筹码而力不从心的窘态。它会怎样做？答案不言而喻。第二，有的私募基金或小机构，当发现自己抢不过别人，也会反手做空。第三，最主要的还是我们散户朋友，别看第一天他玩了命似的往里冲，那是因为"涨"，第二天看到开盘就下跳 5% 的缺口，这就蒙了。等打到跌停，谁还敢说"不怕"？主力这时会"义"不容辞地坚决帮你止损，通吃你的割肉盘。所谓"二砸见跌停"，就是指新股第二天的砸盘通常要打至跌停。这正是主力构筑的一个陷阱，可怜我们总让它得逞。

我们看到，东华科技的介入机构也无不例外地在第二天把股价砸了 –9%，距首日最高价振幅 22%。在这个下跌空间里，华泰长沙韶山北路的私募基金首日买入 1800 万元，终于忍受不住煎熬，认赔割掉了 1600

万元，被赶下了车。而在同一时刻，机构席位却悄然买入了473万元。这就是欲"向上做"的主力机构下砸股价的真实意图。最精彩的莫过于该股在低位窄幅振荡的第7天，3家机构席位同时发力，"净买入"显示占当日总成交金额37.51%，而"净卖"只有11%。连续两天涨停后，一口气竟涨了200%。这是一个机构"假做空、真做多"，"先多后空"的经典案例。

西部矿业（601168）

这只居行业垄断地位、受主力青睐、富有想象空间的股票，上市首日却报收一条振幅16%、"越轨"了的纺锤阴线。不仅分时换手离标不足，全天换手率65%也不达标。最让人担心的是，它偏离了我们给出的30元估值上限，最高冲击到37.29元，距发行价涨了约3倍。除3分钟换手为倍量，显示了主力迹象（我们也搞不清是哪路神仙），这只股几乎一无是处，难道主力真要放弃它吗？

在首日"成交回报"中显示：国信深圳红岭中路、沈阳小南街等著名私募基金席位均买入逾亿元的资金。第二天低开后就向下砸，直至跌停。最低价29.58元，距首日高点振幅达20%。这批私募游资采用凶狠的杀跌手段，迫使散户缴械投降。这时，我们的散户朋友敢买吗？这正是私募大资金精心设计的圈套，而此时也正是我们运用炒新的重要战术——避其首日人为拉高之"锐气"，狙击其刻意打压之"惰归"的最佳战机。

我们再看第三天：东吴杭州湖墅南路也加盟进来了，国信深圳红岭中路买进了3000万元，又卖掉2600万元。经过这么一番折腾，在两天时间里，该股把第一天成交的筹码就洗劫了50%。随后快速拉起，第三天收盘时上涨近8%。接着它马不停蹄一口气实现股价翻番，成就了私募基金成功炒作的经典案例。

方圆支承（002147）

该股质地优良。上市首日，不仅其全天换手达标，而且其分时换手堪称经典，说明资金控盘能力较强。美中不足的是除其振幅13%偏大，还有一处硬伤：前两笔换手率之和7.15%，3分钟换手率仅为10.75%，未满足倍量要求——昭告我们，可能无机构买入。果然，从该股的"成交回报"，我们未见一家机构上榜。介入其中的是：江浙游资聚集的银河宁波和义路与国信深圳红岭中路等。第二天的表现可以想象出来，首日介入的私募基金一口气把股价打到了跌停。第3天再下跳4%开盘，从首日最高点到其最低价位振幅20%。这时，与其说是股价的"跌宕起伏"，不如说是人们心理较量的"刀光剑影"更合适。在上下剧烈振荡中，有近1/3首日买进的筹码割肉卖出。第3天，随着宁波解放路和一家机构的乘虚而入，当天涨升8.48%，该股7天后涨升40%。而8月10日那根吞噬了阴线的大阳线把私募和机构联袂的这场"先拉后砸""先多后空"的好戏表演到了极致。——面对"多与空"这个矛盾的命题，真的，它需要我们"兵以诈立"；它要求我们，敢于在这个时刻反向思考"以迂为直"，去大胆买入，而不是被恐惧震慑。

以上三例告诉我们，在新股的操作中，其所介入的机构或者私募资金只有在打压吸筹之后，再经过一番筹码的缩量沉淀，才会真正"向上"做起来。

下面，我们结合私募基金与机构的操盘思路和特点来做进一步的分析：在私募基金的运作中，通常它们很注重把握新股的机会。"用超跌机会替代强势机会，用振幅机会替代涨幅机会，用盲点机会替代热点机会"的虔诚信条，导致它们的操盘手对新股的"操纵欲"极强，往往会把股价打到一个极低的点位，制造"超跌"的效果。明白了这一点，当你再看到新股次日的跌停板，就不会奇怪了。

主力机构或私募基金的控盘方法，通常采用以下两种：

（1）"只多不空"：发现一只潜力新股，它们会设法制造"一压"和"二压"。压下去，在低位吸货，吸得差不多了就会马上拉抬，抬到一定位置，立即抛出。这是典型的"低吸高抛"，它们"只做多，不做空"，每次控盘都是一次性操作，做完一次，再寻找下一只新股的机会。私募基金大多采用此术。

（2）"先多后空"：大机构主力不能总是"打一枪换个地方"。它们有实力创造市场机会，大多采用"先多后空"，即不仅做多还要做空；往往要充分利用第二天多种力量对新股的打压机会，竭力"做空"；通过"探底"来确认合理的价值区间并清洗浮筹，以拓展其未来的上涨空间。这是大机构的控盘手法。

懂得了以上道理，再结合我们"以迂为直""避其锐气，击其惰归"的战术，操作的思路会更加清晰。这就要我们掌握好主力"惰归"的第二天，无须惧怕人为地"砸"跌停。只要它是以"弱"示形，主力在震仓吸筹，我们就出手狙击。当然这并非让大家"见跌就买，越跌越买"。这里难就难在：要准确把握目标新股的内在本质，即必须是价值区间之内；同时要把分时换手、分时振幅、3分钟换手等综合起来研判；熟悉并掌握针对新股"先下后上"类型的这种战术手段。只有这样，我们"炒新"才算有了清醒的头脑。

依照前面我们对新股的分类方法，先把第二类直接下跌的"弱势型"排除掉。第一类直接上涨的"强势型"只占总数约23%，它们一般属于"只多不空"的私募基金控盘模式，可遇而不可求。这就是我们所说的只有少数股票可以在首日买进的原因，剩下的即我们面对着近40%的，在

首日拔高吸筹后，会在第二天打压洗筹的"先多后空"模式，这也就注定了这类新股命运的曲折。

这种由市场主力及其资金构建的特定格局，要求我们必须运用"避其锐气，击其惰归"的战术，以迂为直，后发先至；必须善于逆向思维，当别人恐惧时我们却要贪婪；杜绝"一根筋"式的"见新就炒，见涨就追"的盲目性。不然的话，即使新股里蕴藏着金山，你也会因自己的盲动而真的成为人们讥笑的那种人："开着宝马进去，骑着自行车出来；握着双枪进去，举着双手出来；杨百万进去，杨白劳出来"……

后记

这本书，到今天终于可以付印了，又做了一遍详尽的校对和内容调整。

在这本书里，首先作者不打算故作高深，也毫无鸿篇巨制的野心，只想把自己实战中的点滴体会，和读者一道分享。

我们可以看到本书偏重于2019年上半年的实盘操作案例，并且，上述操作均根植于"交易体系"的土壤中，但又完全从实盘出发（本书写作中也做了相关探索），尤其是，在作者新浪博客和公众号里，坚持把当日选择的涨停股票（扼要分析）在10时之前做出提示和公示。——这样，对跟踪博客和公众号的朋友来说，无疑能够感知实惠。这样的工作，作者一直在持续进行中。作者认为：股票知识体系层面分为两个部分：第一：知识体系的构建，这需要读书；其二：交易体系的构建，这需要经验和总结。

如果有一个好的老师，能把这两者结合起来，即一方面能够学习理论，另一方面在实盘操作中给与及时提示，唯此，才能收到事半功倍的效果。故细心阅读本书的读者，可以感受到作者在这方面所做的探索。

当然，这仅仅是开始，还远远不够。

针对读者更多的需求，以及有愿意深入学习者，仍可关注安阳公众号或安阳新浪博客。

值此付梓前夜，更有必要对深圳海天出版社卞青先生艰辛的付出，表示由衷感谢！

在本书成书过程中,我的助手欧阳丽红女士(安馨)提供了全书的K线配图,并完成全书校勘,特致谢忱。

同时,一并感谢工作助手安然、辛耕、安宁,没有他们的艰辛劳动,这本书很难写成。